Oxford Circus

La quête de la vie réelle

« Il mélange brillamment la vie de la cité et la vie de l'esprit… complètement original. »

Tony Parsons

« Ross est un homme de bonne nature, réservé et sensé… c'est un philosophe proche des gens, et si parfois il affirme l'évidence, c'est parce que trop souvent nous oublions la valeur de ces truismes. »

Independent

« On ne trouve que rarement des œuvres d'un tel charme et d'une telle intelligence… ses réflexions sont semblables à l'œuvre d'un peintre expressionniste qui serait également un habile dessinateur… ni prétentieux, ni confus. Une réussite. »

Spectator

« Un petit livre unique… à la fois une quête spirituelle et une observation éloquente du monde du travail. C'est également très drôle. »

Tim Adams, *Observer*

« Il vous fait voir les choses d'un point de vue plus élevé, apprécier ce qui se passe quand vous fulminez, coincé dans le tunnel… Il ne veut pas changer le monde, mais il peut peut-être changer la façon dont vous le regardez. »

Evening Standart

« Ces contes de l'excentricité quotidienne sont très drôles…une perspective inhabituelle et fascinante sur notre cité. »

New Statesman

« Rempli de sagesse, rempli d'humour. »

Independent on Sunday

« Tunnel Visions *est une réussite à différents niveaux : comme ouvrage informatif ; comme recueil d'anecdotes ; comme lecture Zen… Il est également très drôle. »*

Iain Sinclair, *Daily Telegraph*

Christopher Ross

Oxford Circus

La quête de la vie réelle

Récit

Traduit de l'anglais par
Catherine Pageard

SULLY

Titre original :
Tunnel Visions
Publié en langue anglaise par Fourth Estate Ltd.

Editions Sully, BP 171, 56005 Vannes Cedex, France
Tél. : 02 97 40 41 85, fax : 02 97 40 41 88
E-mail : editions.sully@wanadoo.fr
http://www.editions-sully.com
ISBN 2-911074-54-8

Ce livre est dédié
à tous ceux sans lesquels
il n'aurait pas pu être écrit.

Sommaire

Invitation aux voyageurs :
sequi me

« Les voyages permettent de conformer l'imagination à la réalité et de voir les choses telles qu'elles sont au lieu de se les figurer telles qu'elles devraient être. »

Samuel Johnson

PREMIÈRE PARTIE

Dans le tunnel

« J'eus l'impression au sortir du combat de m'échapper
Dans un profond et sombre tunnel
Creusé voici longtemps
Dans des granites
Brisés par des guerres titanesques. »

Etrange rencontre, Wilfred Owen

1

J'attendais la question prévisible : « Quand rentrez-vous chez vous ? »

D'autres questions l'avaient précédée. Quand étais-je arrivé dans le pays ? Travaillais-je ou étais-je étudiant ? Un touriste peut-être ? De telles formalités précédaient inévitablement une troisième et dernière question. Toujours la même. « Quand rentrez-vous chez vous ? »

Après avoir passé un court laps de temps dans le pays, je remarquai que les conversations se conformaient à un modèle prévisible. Bien entendu, les questions conventionnelles supposaient des réponses du même type. Elles posaient peu de problèmes, à l'instar de ces pas de danse qui, une fois appris, vous permettent d'éviter les collisions ou de marcher sur les pieds de votre partenaire.

« Quand rentrez-vous ? » était une question à laquelle je me colletais dans les moments de répit, chaque fois que je réfléchissais à ma vie et à la direction qu'elle semblait prendre. Les conventions ne servent à rien quand on est à la fois celui qui interroge et celui qui répond. Durant près de dix ans, j'ai vécu dans une douzaine de pays différents. Et voyagé dans une douzaine d'autres. Le plus souvent à la poursuite d'un but ou d'une personne ; de temps à autre, pour visiter le pays.

Ce type de voyage – non pas une errance sans but mais une exploration approfondie de nombreuses cultures – ne permet pas de s'enraciner. Contrairement aux voyages d'affaires où les chaînes hôtelières et les immeubles de bureau finissent par tous se ressembler, les pérégrinations en toute indépendance d'esprit désorientent parce que rien n'est jamais pareil. C'est un flux. Un kaléidoscope. Et au moment où vous commencez à vous y retrouver, il faut repartir – s'atteler courageusement une fois de plus à la tâche de comprendre un autre monde.

L'idée du chez-soi, tel un vague souvenir, ne vous quitte pas. L'endroit d'où l'on vient. Le lieu des origines. Du retour.

Après dix années passées en Extrême-Orient, au Proche-Orient et en Orient ; après un séjour en Australie, puis en Amérique, des incursions en Afrique et dans d'invraisemblables pays européens, je me retrouvais dans l'avion qui me ramenait chez moi. Et maintenant ?

2

« Cesse de te plier aux dogmes et aux autorités. Regarde le monde ! » a déclaré Roger Bacon au XIIIe siècle. Sept cents ans plus tard, j'ai lutté avant de me résigner à accepter cette invite à une vie de labeur révolutionnaire. Mais mon combat fut personnel et non politique ; mon but philosophique et non strictement pratique. J'étais un voyageur et je l'espère, un intellectuel, qui vivait loin de son pays d'origine afin de voir les choses sous des perspectives différentes.

Durant dix ans, je n'ai suivi aucun plan de carrière, me contentant de faire ce que l'on me demandait dans le pays où je séjournais afin de gagner suffisamment d'argent pour vivre et mettre de côté de quoi payer mon voyage jusqu'à la prochaine halte, me déplaçant chaque fois que cela semblait nécessaire ou approprié. Il m'est arrivé de me qualifier de nomade, tout en sachant que c'était un peu vaniteux de ma part ; un nomade se déplace pour fournir de frais pâturages à son troupeau ou pour être assuré d'une bonne chasse, non pour voir le monde et rencontrer des peuples. Mais ce terme m'a parfois semblé convenir pour me distinguer de la majorité des humains, aux yeux desquels un chez-soi permanent, un lieu de vie fixe, constitue une priorité. Et le fait que les nomades n'appartiennent à aucune société contemporaine, si ce n'est la leur, répondait à quelque chose d'intime, une part en moi informulée mais essentielle.

Fut un temps, j'ai exercé une profession prometteuse qui me permettait de gagner plus d'argent qu'il est bon pour un homme jeune. Comme j'avais confiance en moi et en mes capacités intellectuelles, il me semblait que ces récompenses matérielles me revenaient de droit ; j'établissais aisément un lien entre mon activité professionnelle et les sommes importantes que rentrait l'entreprise qui m'employait. Si j'avais continué dans cette voie, j'aurais eu, j'en suis certain, une vie facile, sans soucis d'argent, et engrangé une bonne dose de respect pour mon statut et ma personne. Je suis persuadé aujourd'hui que j'aurais été victime du « piège de l'intelligence » qui veut que l'on exerce son intelligence uniquement dans son propre intérêt et que l'on manque d'âme. Qui sait ? Peut-être aurais-je décidé de m'imposer à tout prix aux autres. Peut-être serais-je devenu un politicien, un activiste dévoué à une cause ou à une autre, un magistrat, travaillant inconsciemment à corroder mon moi véritable d'une manière irréparable, à faire sauter les branchements avec mon être réel et rejoignant les morts-vivants qui nous régentent avec notre accord.

J'ai rencontré quelqu'un que j'ai choisi comme mentor, même si à l'époque j'étais assez stupide pour croire que je n'avais nullement besoin des conseils d'un maître. Bien que cet homme soit mort au moment où j'écris ces lignes, à mes yeux, il est vivant dans tous les sens du terme ; d'ailleurs, chaque fois que je m'engage trop loin dans la mauvaise direction, il suffit que je pense à ce qu'il disait et faisait, à ce qu'il était, pour me réorienter. La première chose qu'il m'a dite, quand j'avais vingt et un ans, fut que *l'on ne s'égare jamais lorsque l'on est sur la voie droite*. Plus tard, j'ai découvert qu'il s'agissait d'une citation de Cheikh Saadi de Chiraz, un sage et un voyageur qui vécut lui aussi au XIIIe siècle, que Dante a d'ailleurs reprise : « Je me retrouvai par une forêt obscure car la voie droite était perdue » (*L'Enfer*, Chant I).

Compte tenu de la confusion et de la complexité du monde moderne, à quoi pouvait bien ressembler la voie droite ? A l'époque je l'ignorais mais je savais que je voyageais sur une route tortueuse, qui menaçait de zigzaguer de plus en plus. Le moment était peut-être venu de simplifier les choses. Après mûre réflexion, qu'y a-t-il d'essentiel dans la vie et à quoi est-il possible de renoncer ? Progresser par rapport à cette question exige du temps et l'on ne sera pas surpris d'apprendre que je ne l'ai pas encore résolue. Ce livre lui est d'ailleurs en partie consacré.

A vingt-six ans, je quittai mon emploi et commençai à beaucoup voyager. Je sélectionnais mes lieux de séjour plus ou moins au hasard, ou bien au jour le jour en fonction des circonstances. Mais la décision de vivre hors de ma propre culture était un choix conscient. J'avais provisoirement accepté la sagesse de Kipling : « Qui ne connaît que l'Angleterre ne connaît pas l'Angleterre. » Il ne suffit pas de participer à sa propre culture pour la comprendre ; tel un poisson hors de l'eau, en m'éloignant de ce que j'avais toujours considéré comme allant de soi, j'en vins à en reconnaître la valeur. En fait, il fallait être confronté à la perte. L'imaginer ne suffisait pas.

Je cherchais en outre à m'ouvrir l'esprit, à étendre la gamme de mes modes de pensée, mais également à expérimenter les particularités d'autres cultures, lesquelles m'apparaissaient comme des manières de voir, des subtilités sans commune mesure avec les différences évidentes : baguettes au lieu de couteaux et fourchettes, langues dissemblables. Les nuances qui m'intéressaient supposaient des facultés outrepassant celles prétendument nécessaires – comme si un média audiovisuel tel que la télévision satisfaisait un autre sens, celui de l'odorat par exemple, et fournissait en conséquence la pièce manquante du puzzle, celle qui permet de voir tout le reste d'une façon plus claire et dans une perspective plus exacte.

Bien entendu, dans la pratique, ma vie à l'étranger n'avait en général rien de remarquable. Elle comprenait le train-train habituel : manger, dormir, travailler, accomplir les tâches ménagères et se distraire. La plupart du temps, elle était tout sauf spectaculaire et il eût été bien imprudent de décrire sincèrement et en totalité ce que je faisais, disais et voyais car un tel compte rendu n'avait aucune chance de retenir l'attention d'un quelconque lecteur. En revanche, ce que m'apprirent les voyages était important. Les leçons que j'en tirais pourraient s'avérer utiles à quiconque serait confronté à des doutes identiques au sujet de la vie : quelles conséquences tirer des expériences subies durant cette période ; dans quelle mesure m'avaient-elles transformé ; et quels vérités ou conseils de vie généraux (si tant est que cela existe !) pouvait-on glaner en fouillant dans mes souvenirs de cette période. De plus, comme dans la vie de la plupart des gens, il y avait eu des crises et des intermèdes remarquables dont certains allaient me permettre d'illustrer en partie le sens de ma propre histoire.

Cependant, même une vie bien remplie et fertile en événements ne se résume bien souvent qu'à une succession de riens, de choses que nous sommes dans l'incapacité de remarquer et ne remarquons pas parce que nous les percevons à peine ou pas du tout. Cette découverte me donna l'idée de braquer les projecteurs sur l'ordinaire, d'observer de près ou d'une autre façon ce qui avait lieu dans les intervalles non remarquables afin de déterminer si effectivement « rien ne se passait » ou s'il s'agissait, ainsi que je le pressentais, d'une illusion perceptive. La meilleure manière de s'y prendre, supposai-je, consistait à exercer une activité relativement mécanique durant une période suffisamment longue, afin de dépasser l'effet de la nouveauté ; un travail moyennement stimulant afin de conserver une énergie et une attention suffisantes pour mener l'expérience à bien. Comment un esprit curieux supporte-t-il une tâche morne et terne où ses facultés restent sous-employées ? Il fallut bien des années et mon retour en Angleterre pour que l'occasion se présente de ranimer mon intérêt pour cette question. Que se passe-t-il quand il ne se passe *rien* ?

3

« Selon certains anthropologues, dans les sociétés les moins développées sur le plan technologique, telles que les tribus des jungles brésiliennes ou des déserts africains, les adultes de sexe masculin consacrent rarement plus de quatre heures par jour à assurer leur subsistance – et ils passent le reste du temps à se reposer, discuter, chanter et danser. »

Mihaly Csikszentmihaly

Je fais les cent pas dans un espace confiné et pourtant haut de plafond, à trente mètres sous terre, m'arrêtant de temps à autre pour répondre aux questions. C'est là mon univers chaque matin entre sept heures trente et onze heures trente, toujours à proximité du quai 6 de la station de métro Oxford Circus. Quatre heures seulement de travail quotidien, cinq jours par semaine. Un uniforme hideux de confection en fibres synthétiques et un rutilant gilet orange de signalisation rétroréfléchissant « 3M Scotchlite » annoncent ma fonction : je suis au service des voyageurs.

A un autre niveau, je me retrouvais là car j'étais fauché et qu'il ne me restait que peu d'énergie pour gagner ma vie. Je n'étais pas épuisé mais j'avais trop d'autres intérêts auxquels je ne voulais pas renoncer, des activités qui ne rapportaient aucun revenu. Il fallait bien tenir compte de l'argent et ayant besoin de travailler, j'étais là parce que cet emploi faisait l'affaire. Au même titre que n'importe quelle autre tâche routinière et rémunérée qui absorbait le temps que je pouvais lui accorder. Commencer tôt, finir tôt, telle était ma stratégie. Le temps que j'aurais sinon consacré à dormir me semblait idéal ; il s'agissait d'un temps mort et non d'un temps onirique puisque je ne me souvenais jamais de mes rêves et savais pertinemment que je pourrais me rattraper quand je serais mort.

Cette organisation semblait en accord avec mon approche de la vie. Travailler, faire n'importe quoi, accumuler quelques économies, puis cesser de travailler et avoir une occupation plus gratifiante. Je préférais ne pas trop m'appesantir sur la question de savoir combien de temps je pourrais continuer ainsi – je m'étais toujours débrouillé pour conserver une notion de progrès, en dépit des difficultés rencontrées durant toutes ces années, et la certitude que chaque fois que je me retrouverais dans le besoin, quelque chose se présenterait. Jusqu'ici, je ne m'étais pas trompé.

L'argent mis de côté au Japon dura une année et finit par s'épuiser. Vivant à Londres et cherchant un emploi, je répondis à une annonce afin de voir si j'avais les compétences nécessaires pour devenir agent mobile de station dans le métro de Londres – le Tube, comme disent les Anglais. Je ne partais pas gagnant car la semaine précédente, alors que je postulais pour un poste de balayeur, on m'avait répondu au téléphone avant de savoir quoi que ce soit à mon sujet : « Nous pensons que vous êtes légèrement surqualifié. »

Bien décidé à poursuivre, j'essayai de trouver un emploi à mi-temps de col-bleu. Un travail pour mon corps, maîtrisable rapidement et qui laisserait l'esprit libre. Un travail physique et non une activité qui engagerait le corps et l'âme. Même un poste de dactylo dans un bureau me paraissait exiger trop d'attention et d'énergie. Et il existait, semble-t-il, une corrélation financière ; au-dessus d'un certain tarif horaire vous « apparteniez » à votre employeur, à ses yeux et – ce qui est peut-être encore plus grave – aux vôtres également.

Lors de la présélection, puis au cours du premier et du second entretiens, je souris beaucoup et débitai les mensonges en mesure de convaincre ceux que je rencontrais que je voulais vraiment, vraiment descendre dans le métro. J'omis de dire : « C'est pour moi le boulot à temps partiel idéal. » Outre cet accroc à la vérité, je ne pouvais pas non plus me permettre de fournir un compte rendu fidèle de mes derniers emplois : trafiquant de tapis orientaux à Dubaï ; gardien de troupeaux à dos de chameau dans l'arrière-pays australien ; jésuite dans une série télévisée japonaise dont les poursuivants étaient capturés l'un après l'autre et crucifiés. Parfois, la vérité est tout simplement incroyable.

4

Nous ne sommes pas au clair à propos du mensonge. Nous mentons tous plusieurs fois par jour et cependant, si l'on nous posait la question, je suis certain que la plupart d'entre nous répondraient qu'ils disent pratiquement toujours la vérité. Une approche simpliste ne mène pas loin – il ne sert pas à grand-chose de déclarer qu'il est mal de mentir, et bien de dire la vérité, alors qu'il est facile d'imaginer des situations qui démontrent le contraire. Il peut s'avérer utile de distinguer plusieurs types de mensonges et de les classer de différentes manières. Différencier par exemple le mensonge conscient ou délibéré du mensonge automatique ou réflexe. Cette classification met en lumière la capacité de contrôle du comportement – la préméditation n'aggrave pas les choses, au contraire, il vaut mieux mentir en toute conscience que sans le vouloir. En effet, tant que vous êtes incapable de choisir, vous ne pouvez pas choisir la vérité ; effectuer un choix signifie que l'on n'agit plus uniquement d'une manière réflexe, sous l'influence des pulsions et en réaction à une situation.

Ce qui nous conduit à une autre classification : l'effet et le but du mensonge. L'anglais possède peu de termes pour qualifier le mensonge intentionnel, le plus courant étant le « pieux mensonge ». Dans d'autres langues, il existe des mots beaucoup plus sophistiqués. Certains verbes signifient par exemple : « mentir dans le but de dissimuler un avantage dont vous bénéficiez par rapport à autrui », « mentir afin de montrer que quelqu'un manque de perspicacité et est sans doute un imbécile » et « mentir ouvertement afin d'embrouiller les choses ». Il faut insister sur le fait que dire la vérité n'est pas toujours bon ou bénéfique ; mentir n'a pas que des effets nuisibles et négatifs. Nous devons donc considérer le mensonge comme un instrument, neutre en soi, à l'instar d'un couteau ; comme le couteau, il peut être utilisé pour faire du bien ou du mal selon les capacités, l'habileté et la nature de celui qui en fait usage.

5

Je m'aperçus rapidement qu'il n'y avait pas de place pour la vérité. Je n'avais pas l'intention non plus de révéler aux recruteurs du métro que je ne raisonnais plus en termes de carrière professionnelle. L'argent représentait seulement un moyen de préserver la liberté nécessaire à poursuivre ma recherche. J'étais en quête d'une chose beaucoup plus durable : la recherche de la vérité ; par-dessus le marché, j'étais devenu philosophe. Non pas un philosophe tel que le conçoit la tradition académique moderne en Occident – une arène qui apparaît souvent dépourvue d'intérêt pratique et d'actualité à la plupart des non-philosophes. Je ne recherchais pas une initiation dans un monde personnel, étranger et inaccessible aux yeux des gens ordinaires ; à mon avis, les questions qui me préoccupaient les concernaient au premier chef. C'étaient des préoccupations pratiques : Comment se comporter au mieux dans diverses situations ? Quel usage faire de son temps ? De quels devoirs – si tant est qu'il y en ait – devons-nous nous acquitter ? Dans quelle mesure pouvons-nous affirmer que nous connaissons quelque chose ? Est-il possible de découvrir le but et les possibilités d'avenir de notre vie ?

6

Qu'est-ce qu'un philosophe ?

Imaginez une surface grise et striée, semblable à celle de la lune. Si nous faisons un léger travelling arrière, nous nous apercevons qu'il s'agit d'une peau et non de rochers. Eloignons-nous encore un peu et nous comprenons que cette peau appartient à un animal. Un recul supplémentaire révèle qu'il s'agit d'un animal de grande taille – un rhinocéros ? un hippopotame ? Maintenant que nous nous sommes suffisamment éloignés, nous découvrons distinctement et pour la première fois que nous avions sous les yeux un éléphant. Notre connaissance des éléphants confirme qu'il s'agit d'un éléphant indien.

Tout ce que nous percevons est modifié par la proximité et la perspective, la philosophie étant la capacité de se situer à volonté dans le champ et hors-champ – et le philosophe, quelqu'un capable de le faire.

7

Je savais que mon orientation philosophique pouvait sembler anachronique ou insignifiante mais elle me convenait. Il s'agissait d'un chemin sans contours évidents ou destination visible, simplement d'une méthode. La méthode en question consistait à chercher. A essayer de voir ce qui est réel, ce qui importe, à découvrir pourquoi les gens agissent comme ils le font. Je cherchais un sens ou, si l'on préfère, j'apprenais à voir.

C'était là encore une chose que je n'allais pas avouer à mes nouveaux employeurs.

8

Le département de formation se trouvait au huitième étage mais le premier jour, on nous réunit dans le hall du second étage, desservi par des escaliers et certains ascenseurs uniquement. Les autres ascenseurs ne s'arrêtaient qu'à des étages plus importants, tels que le neuvième qui abritait la cantine subventionnée et le fumoir.

Un rapide coup d'œil à la foule amorphe qui grouillait dans ce hall m'apprit qu'il n'y avait pas que des nouveaux venus ; ceux qui portaient un uniforme usé à la couleur passée faisaient sans nul doute partie des employés expérimentés venus suivre un stage de recyclage et certains me dirent qu'aiguillonnés par l'ambition, ils avaient décidé de devenir conducteur de rame.

9

J'appris avec intérêt que les conducteurs travaillant sur des lignes automatisées – comme Central Line et Victoria Line – ne conduisaient pas les trains. Assis à l'avant de la rame, ils ouvraient et fermaient les portes. Ils enclenchaient ou désenclenchaient le système automatique mais la conduite des trains était assurée par des ordinateurs situés à bonne distance de la cabine du conducteur. Des expériences avec des cabines vides et des mannequins ont montré que les passagers sont mal à l'aise dans les trains intégralement automatisés et préfèrent l'illusion d'une personne assise à l'avant, ce qui leur donne l'impression de contrôler la situation.

10

Les nouvelles recrues furent divisées en trois groupes, chacun confié à un formateur différent : deux hommes et une femme. Je me retrouvai dans le groupe d'Elisabeth, qui devait avoir une quarantaine d'années, supposai-je en la voyant sourire et en l'entendant prononcer une phrase aimable et sans prétention. Parfait, me dis-je. Son sourire et sa tenue toute simple me plaisaient.

Nous empruntâmes le couloir qui conduisait aux salles de cours. Elles portaient toutes le nom d'un général ou d'un homme d'Etat anglais. Nous étions dans la salle Churchill, à côté de la salle Marlborough, occupée par un autre groupe. Nous nous assîmes au hasard et inscrivîmes notre nom sur une fiche cartonnée à l'aide de feutres tout neufs dégageant une odeur nauséeuse dans un espace confiné, le genre de markers fabriqués à Séoul et portant une mise en garde sanitaire imprimée en *han'gul*. Je faillis écrire « Monsieur Ross » car cette atmosphère scolaire me poussait à la rébellion mais je me ravisai et inscrivis « Ross ». Outre Elisabeth et moi, le groupe de Churchill comptait dix personnes : cinq hommes et quatre femmes. Quatre stagiaires étaient noirs, il y avait deux Asiatiques et quatre Blancs, moi y compris. Elisabeth était également de race blanche.

Après que nous eûmes inscrit nos noms et reçu un énorme bloc blanc à anneaux à l'épaisseur intimidante, Elisabeth nous demanda de nous présenter. Je proposai de commencer afin de briser la glace. Je dis que je revenais du Festival de Cannes – ce qui était vrai –, que je pratiquais les arts martiaux – ce qui était tout aussi exact – et que j'avais l'intention de travailler dans le métro de Londres afin de rencontrer et d'aider toutes sortes de gens – un mensonge. Mais en était-ce réellement un ?

Elisabeth insista pour que je donne plus de détails : pourquoi m'étais-je rendu au Festival de Cannes ? Quels arts martiaux pratiquais-je ? Elle laissa de côté mon soi-disant désir de venir en aide à autrui. J'expliquai que j'avais vécu en France, près de Nice, afin de continuer à étudier l'art martial japonais de l'aïkido auquel je m'étais initié au Japon. J'étais l'élève d'un expert occidental très connu qui avait longtemps résidé au Japon et habitait maintenant Valbonne où il travaillait pour une entreprise franco-japonaise de technologie de pointe. Je pratiquais également l'iaïdo, l'art de dégainer le sabre. La détente rapide des samouraïs, un coup, une vie. En m'entendant dire cela, Elisabeth sourit, puis fronça les sourcils avant de reculer comme si elle craignait que j'eusse caché un sabre dans mes vêtements. Comme si je risquais de lui ôter la vie d'un seul et brusque coup.

11

Debout dans les herbes hautes, tout près de ma tente, je respirais lentement et régulièrement. En face de moi, dans le jour levant, des traînées de brouillard à la surface de la Loire. Dans mon dos, une nationale. J'avais campé sur l'accotement séparant cette route d'une aire sur laquelle les camions pouvaient se garer ou manœuvrer. Il n'y avait là rien d'intéressant, si ce n'est des boîtes de bière abandonnées et des bouteilles vides témoignant que d'autres étaient passés là avant moi.

Je levai le sabre de bois et coupai, à nouveau je levai le sabre et coupai. Je continuai, en établissant un rythme, essayai de décontracter mes épaules et d'utiliser le poids du sabre, lui faisant parcourir un arc qui se terminait à une largeur de poing de mon ventre, le *hara*, centre vital si important dans les arts martiaux japonais. Le *hara* est le centre de l'être, le siège de l'âme.

Je pratiquais le *suburi*, un exercice d'iaïdo, utilisé également en aïkido, pour réveiller et redonner du tonus aux muscles courbatus. Nu jusqu'à la taille, faisant tournoyer un sabre de bois, je devais offrir un spectacle pour le moins déroutant aux conducteurs de poids lourds passant à proximité, mais je n'y songeais pas, me contentant de couper, de respirer et de me détendre, les yeux fixés sur le soleil qui commençait à émerger de la rivière noyée dans le brouillard.

12

Je ne voulais pas expliquer lors de cette brève présentation ce que les arts martiaux signifiaient pour moi et après avoir fait mention de ma pratique, je me demandai s'il n'aurait pas mieux valu inventer quelque chose. Autre chose, quelque chose qui ne voulait rien dire : l'information n'est-elle pas une forme de pouvoir ? N'avais-je pas confié une chose de valeur à Elisabeth comme une sorte de monnaie d'échange, espérant recevoir en retour sa bienveillance, de bonnes notes et pour finir, cet emploi dont j'avais en effet besoin ?

Elisabeth circulait dans la salle de classe, prodiguant encouragements et compliments, comme un animateur chargé de chauffer la salle dans un sitcom télévisé en direct. Elle souriait en permanence et le langage de son corps, parfaitement destiné à nous mettre à l'aise, semblait tout droit sorti des pages de Desmond Morris. Entre chaque intervention, elle se moquait d'elle-même et faisait des comparaisons qui tournaient inévitablement à son désavantage : quelles que soient les réalisations de celui qui venait de prendre la parole, elle s'avouait incapable de faire de même. Nous savions ce que ces remarques signifiaient, quel était leur but et nous ne les prenions pas pour argent comptant. Il était peu vraisemblable, après tout, que notre formatrice soit une imbécile, nulle en sport et sur le plan scolaire, issue d'une famille désunie, et que sa vie se résume à une série de relations tragiques et ratées.

Aux yeux d'Elisabeth, nous étions tous, semble-t-il, des vedettes. Dan venait tout juste d'obtenir son diplôme des Beaux-Arts, travaillait pour s'offrir son studio et jouait du bongo quand il ne peignait pas. Elisabeth proposa de lui acheter une de ses toiles, sans l'avoir vue. Dexter, un Noir très cool, n'était pas, en dépit des apparences, chanteur de rap mais suivait des études de médecine à Charing Cross. Elisabeth le félicita d'avoir aussi joliment décoré sa fiche. Aalapi fut complimentée pour son prénom exotique et le fait qu'elle étudiait le droit. Trish, une grande femme au visage avenant, qui travaillait à temps partiel à la boutique Disney de l'aéroport d'Heathrow, révéla qu'elle n'allait pas tarder à décrocher son diplôme d'ingénieur en aéronautique. « Oh là, là ! dit Elisabeth. Quelle grosse tête ! » Shaz, un beau garçon au sourire malicieux, disputait des matchs de cricket à l'échelle du comté et ayant obtenu sa licence d'études de commerce, il n'allait pas tarder à entrer en année de maîtrise. Pendant ses loisirs, il pratiquait le kick-boxing.

Les autres membres du groupe s'en sortirent tout aussi bien, non pas intellectuellement mais grâce à leurs emplois précédents ou leur passe-temps, jusqu'à ce que vienne le tour de Judith. Cette cockney noire et pleine de vivacité, qui portait en guise de robe d'été un immense tee-shirt Tommy Hilfinger serré à la taille par une ceinture, se plaignit de n'avoir rien fait et de se sentir complètement idiote par rapport à nous. « Ne soyez pas ridicule », dit Elisabeth qui la pressa de questions et finit par découvrir qu'elle était mère célibataire et avait un fils de neuf mois. La photo passa de mains en mains et le joli bébé de Judith provoqua des murmures approbateurs, stéréotypés mais sincères. « Vous savez, dit Elisabeth, avoir un enfant, ce n'est pas *rien*. » Judith ne parut pas convaincue. « Vous voulez dire que je suis douée pour *baiser* ? »

13

J'ignorais ce que pouvaient recouvrir les Compétences Relationnelles, le sujet qu'allait traiter Elisabeth. Des sciences sociales, supposai-je. De la psychologie bas de gamme, revue et corrigée dans le but de produire des travailleurs heureux à l'intérieur d'une entreprise toujours plus efficace, joyeusement connectés à des usagers optimistes et pleinement satisfaits qui ne pourraient jamais se lasser de nos services.

Elisabeth annonça que nous allions étudier avec elle le programme de l'Assistance aux Voyageurs, une initiative relativement récente qui comprenait le traitement des réclamations et, pour ceux qui s'avéreraient inaptes à les traiter, la sensibilisation et conduite à tenir en cas d'agression. Les yeux de Shaz, le boxeur, s'illuminèrent. « Enfin des compétences musclées ! » dit-il en faisant craquer les jointures de ses deux mains en même temps.

Pendant la pause de la matinée, nous nous jetâmes sur les biscuits et le café servis gratuitement dans le hall comme des élèves du primaire foncent sur le thé servi aux parents lors de la réunion sportive annuelle. J'aime le bon café et quand il ne l'est pas, je le juge imbuvable. Ce truc gratuit n'était que de la lavasse et il me sembla que je ne risquais pas grand-chose à essayer l'express du distributeur automatique, largement subventionné par l'entreprise.

Les trois personnes qui me précédaient dans la queue se battirent avec leur boisson au moment où elles tentaient de récupérer leur gobelet en carton brûlant et plein à ras bord. Un défaut de conception semblait faire déborder chaque boisson. Quand vint mon tour, je me souvins de la maxime de Saadi : *Tirez la leçon des erreurs des autres afin qu'ils ne soient pas tenus de tirer la leçon des vôtres*, et soulevai le gobelet en carton rempli d'un café italien parfait sans en répandre une seule goutte.

Dexter avait lui aussi refusé la boisson gratuite et se trouvait derrière moi ; il sélectionna un chocolat chaud et je lui expliquai comment récupérer son gobelet sans rien renverser. En le voyant verser cinq cuillerées de sucre dans sa boisson, je lui demandai : « Tu as un creux ? » « Ouais, mec. J'ai besoin de sucre pour rester éveillé. Je suis debout depuis quatre heures du matin. » Dexter ressemblait au loir d'*Alice au pays des merveilles*. Rester éveillé suffisamment longtemps pour terminer ses phrases semblait au-dessus de ses forces. Tout en luttant pour garder les yeux ouverts, il essaya de me communiquer son ennui à l'idée de devoir suivre trois semaines de stage totalement inutiles, puisque tous ceux auxquels nous avions posé la question nous avaient répondu que rien de ce que l'on apprenait au centre de formation n'était d'une quelconque utilité lorsque l'on travaillait dans une station. « C'est comme la médecine, dis-je. On ne retient pas grand-chose de ce qu'on a appris. Un rite de passage, au fond. Comme d'être circoncis sans broncher ou de tuer tout seul d'un coup de lance son premier lion. » Je me demandai si Dexter allait réagir à mes exemples africains, mais il semblait s'être endormi.

14

Pourquoi les regroupements même hasardeux semblent-ils se consolider et résister au changement quand ils sont confrontés à des situations nouvelles ?

En dépit des efforts d'Elisabeth pour créer d'autres combinaisons, à la première occasion nous reviendrions toujours à la configuration originelle 4-3-3, comme si, ce faisant, nous avions trouvé notre équilibre naturel ou même une stabilité chimique. Dix personnes peuvent se prêter à de multiples combinaisons mais je remarquai que nous nous asseyions toujours à la même place, entourés par les deux ou trois stagiaires que le hasard avait placés à nos côtés le premier jour. Je me retrouvai en compagnie de Dexter, Dan et Shaz.

Dan, l'artiste, était blond et paraissait plus jeune que ses vingt-quatre ans. Il avait une peau et des joues roses. On aurait cru un Californien jusqu'à ce qu'il sourie et exhibe une dentition pour le moins imparfaite, donc typiquement anglaise. Il parlait lentement, comme s'il mâchait ses mots et ne les laissait sortir de sa bouche qu'à contrecœur. Vue la lenteur de son élocution, on aurait pu supposer qu'il manquait de subtilité ; mais ce n'était qu'une illusion.

Shaz, qui avait choisi lui-même cette abréviation pour un prénom pakistanais sans doute imprononçable, souriait en permanence et avait deux obsessions : le cricket et le sexe. Comme je lui avais dit ne pas connaître grand-chose à son sport de prédilection, il me branchait tout naturellement sur les filles. Un matin, alors que je grignotais un biscuit, il m'annonça impromptu que sa position préférée, c'était en levrette. « Pourquoi ? » demandai-je, bien qu'en cet instant je tins surtout à me rapprocher de la table afin de prendre un second biscuit avant qu'il n'y en ait plus. « Parce que dans cette position, on n'a pas besoin de s'embrasser. Je n'aime pas beaucoup embrasser. Je trouve que c'est antihygiénique. »

15

Elisabeth nous demanda de lire à haute voix les réponses aux exercices destinés à montrer notre implication par rapport à l'Assistance aux Voyageurs. Elle inscrivit les points totalisés par chaque groupe au tableau sans susciter pour autant un sentiment d'émulation ; d'ailleurs chacun des groupes avait fourni quasiment les mêmes motivations pour s'occuper des usagers. L'une des raisons avancées par les deux autres groupes, mais pas par le nôtre, était : « Il est plus amusant d'être poli et serviable. » Je savais ce qu'ils entendaient par là mais je les suspectais d'hypocrisie. Etre malveillant, sarcastique et vindicatif devait être beaucoup plus amusant, selon moi – à partir du moment où l'on cessait de se soucier d'autrui.

16

Au cours d'un déjeuner, alors que certains d'entre nous discutaient à bâtons rompus, Elisabeth nous rejoignit et se mêlant à la conversation, nous révéla qu'elle était l'arrière-petite-nièce d'Emilie Le Breton, l'actrice Lillie Langtry, maîtresse du roi Edouard VII. Après le repas, je m'excusai et sortis de l'immeuble pour prendre l'air. J'ai souvent pensé que j'étais proche de certains personnages connus, expérimentant par là même la théorie selon laquelle deux individus quelconques sont toujours parents au sixième degré. Superficiellement parlant mais en réalité également, nous sommes beaucoup plus proches les uns des autres que nous voulons bien l'admettre. Néanmoins, je ne m'attendais pas à avoir des liens avec un roi défunt. Pas aujourd'hui.

17

L'empathie est la capacité de se mettre à la place d'une autre personne ; de sentir ce qu'elle ressent, de comprendre dans quelle situation elle se trouve en imaginant que c'est la nôtre. Toutes les guerres supposent l'usage de la propagande afin de déshumaniser, diaboliser l'ennemi et rendre en conséquence l'acte de tuer plus accessible à l'homme ordinaire. Le but étant de détruire l'empathie. Chaque fois que nous rencontrons une personne désagréable, cela vaut la peine de tenter un exercice d'empathie : si cette personne a un défaut, demandons-nous dans quelle mesure nous ne le partageons pas avec elle.

18

D'entraînants formateurs nous forment sur les trains, semblaient chuchoter les wagons cliquetants tandis que je rentrais chez moi. Le mot train venait, je le savais, du latin *trahere*, « tirer après soi ». Durant trois semaines, j'allais être tiré dans une certaine direction, pris en stop en quelque sorte, par diverses locomotives et parcourir divers chemins battus, jalonnés de signaux permettant de comprendre la signification de la scène. A la fin de chaque parcours, on allait me poser des questions et pour que j'aie le droit de poursuivre mon voyage, il faudrait que mes souvenirs soient suffisamment précis et orthodoxes, c'est-à-dire qu'ils coïncident au fond avec ce que l'on attendait de moi.

19

J'ai souvent pensé que mes progrès dans la vie et l'ensemble de ma vie psychique – ma capacité à penser, sentir et comprendre – étaient assimilables à un voyage. Il paraît logique que certains moyens de transport, comme les cars et plus encore les trains, ne puissent aller que dans des endroits où des routes ou des rails les ont précédés. Quand on emprunte de tels moyens de transport pour voyager, notre unique liberté revient à choisir entre des parcours déjà existants. Aucune personne voyageant en train ne charrie les rails qui permettraient d'ouvrir un nouveau réseau ferroviaire, de frayer un chemin. Certains moyens de déplacement, comme l'avion, exigent que l'on évite les collisions avec d'autres voyageurs, libres eux aussi de leurs mouvements mais ne différant guère des automobilistes qui roulent sur des routes et ont fréquemment des accrochages. Traverser une plaine à pied, ou même escalader une montagne qui barre le passage constitue une forme essentielle et supérieure de liberté, une liberté plus ou moins débarrassée des moyens. Mais qu'en est-il de la vitesse ? Des obstacles qui ne pourront être franchis à pied ? De la santé et de la force ?

20

Quand luttant pour garder les yeux ouverts, je me dirigeais en début de matinée, tel un somnambule, vers le Centre de formation, j'avais l'impression d'être encore en pleine nuit. Dans mon enfance, combien de fois ne m'a-t-on pas dit que la plupart des grands hommes étaient des lève-tôt, debout au chant du coq. Chaque fois que l'on me parle des avantages liés au fait de se lever aux aurores, j'aime à contre-attaquer en racontant l'une des histoires amusantes de Nasr Eddin, l'idiot-sage du Moyen-Orient.

Mollah Nasr Eddin voulut obliger son fils à reconnaître les avantages de se lever tôt.
« Regarde ce que j'ai trouvé ce matin quand je suis sorti me promener, dit-il en brandissant un sac rempli d'or. Cela montre bien que se lever tôt porte bonheur.
– Comment sais-tu que ce sac n'était pas déjà à cet endroit la nuit dernière ? demanda son fils encore à moitié endormi.
– J'ai emprunté ce même chemin assez tard et le sac ne s'y trouvait pas.
– Eh bien, dit son fils en se retournant dans son lit, se lever tôt porte peut-être bonheur à tout le monde. Mais qu'en est-il de celui qui a perdu son or ? Il devait être debout plus tôt encore que toi ! »

21

La cantine était vide. Tous les plats cuisinés du petit déjeuner étaient disposés sur des plaques chauffantes en acier inoxydable et dégageaient une odeur on ne peut plus *alléchante*. Je commandai deux œufs au plat, préparés à la demande, et montrai du doigt une saucisse, des haricots blancs, un morceau de boudin noir, des champignons et deux ou trois tranches de bacon – plus une seconde saucisse au cas où la première ne suffirait pas à satisfaire ma gourmandise. Le temps de disposer ces mets sur une assiette chaude, les œufs au plat furent prêts et les deux toasts que j'avais demandés sortirent du grille-pain industriel. Je pris quelques plaquettes de beurre, me servis une grande tasse de café et fis glisser mon plateau vers la caisse. Ma longue pratique des voyages m'a appris une chose : quand vous vous réveillez fatigué et affamé, rien n'égale la perfection d'un petit déjeuner anglais parfaitement cuisiné.

22

A genoux sur le quai, je soutenais une jeune femme tombée soudain devant moi au moment où elle sortait d'un wagon bondé de la Victoria Line à huit heures moins le quart du matin. Un homme âgé, dont le visage trahissait l'inquiétude, se tenait à quelques pas de là. Je demandai à la jeune femme comment elle se sentait, puis lui posai les questions adaptées à une telle situation. Non, elle n'avait pas eu le temps de déjeuner avant de partir. Il faisait très chaud à l'intérieur de la rame et elle avait éprouvé des difficultés à respirer. Un membre du personnel formé aux premiers secours survint avec un verre d'eau, une sorte de panacée à nos yeux, et l'aida à quitter le quai. Le vieil homme prit alors la parole et me dit qu'il était neurologue et professeur en médecine.

« Je pense que le problème du petit déjeuner pourrait répondre à toutes sortes de questions importantes, me dit-il. Pourquoi les adolescents ont-ils des sautes d'humeur ? Quel rapport y a-t-il entre l'énergie et la réussite ? Est-il possible de s'en sortir dans la vie en utilisant des stimulants chimiques en tant que substituts de l'effort intime et de l'autodiscipline ? Boire ou non du café est une manière de poser ce problème. » Il se tut et remit en place ses lunettes qui avaient glissé sur son nez brillant de sueur. Je hochai la tête afin de lui montrer que je lui prêtais toujours attention.

« Si l'homme est un être émotionnel et qu'il contrôle beaucoup plus difficilement son moi émotionnel que son moi soi-disant rationnel, ne devrions-nous pas chercher dans cette sphère des réponses aux éternels paradoxes de notre mode de vie agité et une explication à certains comportements étranges ? Pourquoi courons-nous si souvent à notre perte en nous précipitant aveuglément vers l'abîme comme des lemmings ? » Il s'interrompit sans paraître attendre une réaction de ma part. « Ma réponse, reprit-il, n'est pas métaphysique mais physique : notre équilibre mental est perturbé, c'est-à-dire que les substances chimiques de notre cerveau sont mélangées de telle manière qu'elles engendrent un problème. Nous sommes ce que nous mangeons – ou, comme dans le cas de cette malheureuse jeune femme victime d'un évanouissement : ce que nous ne mangeons pas. » Il sourit, puis semblant soudain se souvenir qu'il était attendu quelque part, fit demi-tour et s'éloigna sans ajouter un mot.

A Tokyo, mon petit déjeuner se composait en général d'une tranche de saumon grillée préalablement arrosée d'une épaisse sauce brune de soja. Ce plat était servi avec une soupe au *miso*, des haricots verts et un bol de riz. J'aimais à imaginer où ce poisson était né, où il avait nagé, ce qu'il avait vu du monde sec depuis son environnement humide, ce qu'il avait bien pu apercevoir à travers le filtre de l'eau. Avait-il jamais envisagé qu'il allait finir… dans mon assiette ?

De tous les repas, le petit déjeuner est celui dont on a le moins envie de faire l'expérience. Et pourtant, chaque fois que je m'y suis risqué, comme lorsque je commençais ma journée avec le saumon japonais, j'en ai presque toujours retiré du plaisir et j'ai alors eu l'impression d'entrevoir un nouvel horizon. Cela me donne envie d'imiter le professeur en posant moi aussi des questions. Le petit déjeuner est-il une mesure de la tolérance transculturelle : si mon estomac est capable de digérer votre petit déjeuner – et seulement alors – puis-je sincèrement prétendre que nous pouvons vivre sans crainte ensemble ? N'est-ce pas là ce que signifie l'expression : *ce n'est pas ma tasse de thé* ? Seule la participation à une autre culture permet de l'accepter et il faut reconnaître que le petit déjeuner est un point de référence, un moment où notre duplicité est encore en sommeil et où nous sommes enclins à des réactions viscérales et sincères.

23

Nous quittâmes Téhéran au milieu de la nuit. J'essayai de ne pas m'assoupir car mon compagnon avait beau être un conducteur émérite, nous empruntions la voie des martyrs et roulions dans une Paykan, l'omniprésente contrefaçon de l'Hillman Hunter, dont trois des pneus avaient été rechapés. C'est moi qui avais nommé « voie des martyrs » le tronçon de voie rapide qui relie Téhéran à la ville sainte de Khom. Cette route était jalonnée de posters à l'effigie des morts de la révolution islamique et de la guerre contre l'Irak ; il y avait un portrait tous les quatre cents mètres environ, de beaux garçons pour la plupart bien trop jeunes pour décéder de mort violente. La dernière fois que nous avions emprunté cette route, un des pneus du véhicule avait éclaté alors que nous roulions à cent à l'heure et nous avions fait plusieurs tête-à-queue, évitant de justesse une collision avec un énorme poids lourd qui transportait des pastèques. Lorsque le camion s'était éloigné dans un grondement et que les rangées de sphères vertes étaient sorties de mon champ visuel, j'avais poussé un soupir de soulagement.

En arrivant dans les faubourgs de Khom, j'avais les paupières en plomb. Dès que la voiture s'arrêta à un feu, actionné automatiquement dans le demi-jour de l'aube, je m'assoupis. Je fus réveillé par des frappements sur la vitre de ma portière et tournant la tête dans cette direction, je croisai le regard d'un oiseau ; un aigle royal dont les ailes massives étaient entièrement déployées et qui voltigeait à près d'un mètre du sol et à quelques centimètres de mon visage. Comme il donnait à nouveau des coups de bec sur la vitre, je remarquai pour la première fois les doigts qui l'emprisonnaient au milieu du corps. Le propriétaire de l'oiseau se releva et nous demanda par signes si nous voulions l'acheter. Qu'est-ce qui pouvait bien pousser qui que ce soit, m'interrogeai-je, à essayer de vendre un oiseau de proie empaillé à des automobilistes par une triste et sombre matinée d'hiver à Khom ?

Après avoir décliné l'offre, nous nous arrêtâmes pour prendre un petit déjeuner. Le *haleem*, une bouillie de blé, nous fut servi ce jour-là recouvert de petits morceaux de mouton et de sucre roux. Mon compagnon attaqua le contenu de son bol avec appétit ; je me forçai à manger, rêvant à des toasts chauds et beurrés.

24

Je terminai le dernier toast et me dirigeai tranquillement vers la salle de cours en empruntant les escaliers. Bien que l'on nous eût recommandé d'être ponctuels, Dexter et Shaz arrivèrent en retard. Ils avaient bien préparé leur défense et présentèrent des excuses détaillées qui semblaient sincères.

A l'heure de la pause-café, en milieu de matinée, je m'installai près de la fenêtre avec un verre d'eau. L'effet des substances chimiques ne s'était pas dissipé et je ne voulais pas ajouter au désagréable sentiment d'être drogué en buvant encore plus de café. Je réfléchissais au fait de présenter des excuses quand on est en faute. Le Japon m'avait enseigné une chose qui me paraissait maintenant très importante. Les adultes doivent se sentir responsables de leur sort et on ne doit pas les encourager à rejeter la responsabilité sur quelqu'un d'autre, même lorsqu'une telle position paraît raisonnable. Le rejet de la responsabilité conduit à une culture où prévaut la mentalité de victime.

Dans leurs relations quotidiennes, les Japonais ont un système social basé sur une riposte du tac au tac. On ne s'énerve pas, on rend la pareille. Si j'ai dix minutes de retard lors de mon rendez-vous avec vous, la prochaine fois que nous nous rencontrerons, vous serez en retard du même laps de temps, et ainsi de suite. Dès que l'on a obtenu compensation, la faute est oubliée et il n'en sera plus jamais fait mention puisqu'elle a été par là même annulée. Ce type de rééquilibrage est en général immédiat, parfois même presque machinal, et non un acte de vengeance calculé dans le but d'obtenir un châtiment précis.

Dans les lieux de travail japonais, on écoute les excuses mais pour l'essentiel, on n'en tient pas compte. Si vous êtes absent ou en retard plus d'un certain nombre de fois, on va se débarrasser de vous ou empêcher votre avancement dans l'entreprise. Si vous êtes responsable d'un projet qui échoue, vous allez en subir les conséquences et assumer la responsabilité de cet échec. Votre insuccès peut rejaillir sur d'autres ; vous ayant choisi, ils se sont en un sens portés garants de votre réussite et au même titre que la chute d'une pierre dans une mare provoque des rides concentriques, ils seront tenus de prendre leurs responsabilités en fonction de l'ampleur de l'événement.

25

Après avoir passé une journée avec Elisabeth, la plupart d'entre nous s'étaient détendus. Elle n'était pas à cheval sur la discipline et aimait se lancer dans des digressions très éloignées des matières étudiées, nous racontant des histoires compliquées, tirées de sa vie professionnelle ou de son passé personnel.

Elisabeth travaillait depuis peu pour le métro de Londres mais avait été employée depuis des années à divers titres par les chemins de fer britanniques. Elle s'était mariée deux fois, nous dit-elle, et vivait maintenant avec un ami. Son premier mari était mort jeune d'une tumeur au cerveau. Et elle avait quitté le second car il la battait. Elle semblait avoir beaucoup d'enfants parmi lesquels un handicapé mental au moins et un grand garçon homosexuel. Sa mère était une raciste éhontée qui ne cessait de demander pour la forme quand ils allaient quitter l'Angleterre et retourner d'où ils venaient.

Je sentais qu'avant d'accepter un candidat, Elisabeth faisait monter les enchères en quelque sorte en nous mettant au défi de ne pas étudier ou de ne pas suivre ses ordres et pimentait tout cela de détails sur son triste sort. Comme si elle nous disait : « Vous me devez quelques jours d'effort ; regardez-moi, je n'arrête pas de me débattre dans des situations merdiques et pourtant je n'ai jamais cessé de sourire, ne serait-ce qu'une minute. » Oui, tout le monde aimait Elisabeth mais je commençais à la soupçonner d'être très experte dans la manipulation des groupes d'inconnus. Elle jouait si bien sur la sympathie collective que je me demandais ce qu'elle allait faire la prochaine fois. Arriver en fauteuil roulant ? Nous annoncer qu'elle était atteinte d'une maladie incurable ? S'agenouiller et nous supplier ? Les Compétences Relationnelles, d'accord, mais cela revenait à être lentement étouffé à l'aide d'un coussin de soie. On meurt en souriant et en se disant que c'est vraiment très agréable.

26

Nous avions passé la matinée à discuter de la résolution des problèmes en général et appris à différencier les vraies questions auxquelles l'agent de station pouvait répondre en fournissant des informations et celles qui, dissimulant une plainte, n'exigeaient pas de réponse mais étaient simplement destinées à atténuer la colère ou la frustration de celui ou celle qui les avait posées. Elisabeth nous expliqua que les plaintes étaient dans la plupart des cas des épanchements émotionnels si bien que ce type de client ne voulait pas d'une discussion approfondie basée sur un échange d'informations et supporterait difficilement toute tentative d'établir un échange de type scientifique ou socratique : « Ah, Phèdre, ne devrions-nous pas en premier lieu nous mettre d'accord sur la signification exacte du mot *retard* ? »

27

A l'heure du déjeuner je me demandai en me dirigeant vers la cantine à quoi pouvait bien ressembler un égogramme. On venait de nous initier à un système nommé l'analyse transactionnelle à l'intérieur duquel l'égogramme était un concept fondamental.

Reconnaissant la nécessité du « Connais-toi toi-même », je n'ai jamais refusé la possibilité d'un nouveau moyen pour y parvenir. Mais en contrepartie, une voix intime m'avertit que la plupart des systèmes d'évaluation de la personnalité ne sont qu'un grossier mélange de flatteries et de critiques généralisées choisies au hasard. Il m'a toujours paru significatif que nous soyons tous sensibles à des bêtises : par exemple, que la plupart d'entre nous consultent leur horoscope et le lisent souvent à haute voix devant des amis. Nous sommes impressionnables et manquons, semble-t-il, tellement de confiance en nous que nous consacrons chaque jour beaucoup de temps, d'énergie et d'attention à une activité nous permettant avant tout de nous affirmer.

28

Pour déterminer son égogramme, il suffisait de répondre à soixante questions. Ces questions supposaient un jugement de valeur et les réponses étaient classées selon trois catégories : adultes, parentales, infantiles, puis projetées sous la forme d'un diagramme de Venn ; le graphique ainsi obtenu constituait une représentation visuelle de vos progrès vers la maturité.

Quelque chose dans ce type de test me pousse à adopter une personnalité d'emprunt. Je me sens obligé de jouer le rôle d'un personnage imaginaire et de répondre comme il le ferait – et je suis certain qu'il s'agit d'une réaction relativement courante chez les Anglais et l'une des raisons pour lesquelles les études de marché semblent inévitablement fausses. Au lieu d'avoir recours à un coefficient de correction de un ou deux points – la soi-disant marge d'erreur – l'enquêteur ferait mieux de se demander si à cause de facteurs culturels les réponses dans leur intégralité ne sont pas des « erreurs ». Cela me rappelle ces noms de lieux sur certaines cartes anciennes qui signifient dans la langue des autochtones « Partez ! », « Laissez-moi tranquille ! » ou « Je ne sais pas ! », c'est-à-dire ce qu'ils ont répondu à la question importune : « Où suis-je ? » En m'interrogeant, alors que vous êtes un pur inconnu, vous m'incitez à mentir parce que mes sentiments véritables NE VOUS REGARDENT PAS !

29

Tant que vous n'avez pas réussi à établir les bases d'une interaction sincère, vous devez vous demander dans quelle catégorie vous allez classer ce qui a véritablement lieu.

30

Parmi les affirmations de l'égogramme figurait celle-ci : *De nos jours, les cheveux longs semblent compenser les cerveaux de petite taille*. Ma calvitie signifiait-elle que j'étais une grosse tête ? ! *Je me sens bien quand je fais preuve d'humilité* et *J'aime les échanges où il est question du bon vieux temps*. Comment Dan et Dexter allaient-ils réagir à cela ? Ni l'un ni l'autre ne semblaient du genre à échanger des souvenirs nostalgiques sur leur enfance.

La lecture des questions de l'égogramme me faisait penser au *The Hitchhiker's Guide to the Galaxy* de Douglas Adams. Deep Thought, un énorme ordinateur, est programmé pour répondre à la question : « Quel sens ont la vie, l'univers et toutes choses ? » et après avoir passé sept millions et demi d'années à traiter le sujet, il répond : « 42 ».

31

Nous ne pouvons pas nous empêcher de poser des questions sans nous préoccuper de savoir si les réponses nous seront utiles ou auront un sens.

32

En totalisant mes points, je découvris que j'avais obtenu un nombre de réponses Adulte largement satisfaisant. Je savais que c'était de la vanité mais une part en moi répondait tout de même : oui, oui, enfin une confirmation de ma maturité par des méthodes scientifiques. Je semblais être plutôt un Parent Nourricier qu'un Parent Critique, ce qui était faux. Et plutôt un Enfant Adapté qu'un Enfant Spontané, un résultat que je n'étais pas en mesure d'évaluer puisque j'étais incapable de déterminer ce que l'on entendait par Enfant Adapté.

Nous fîmes un tour de table. Quels secrets embarrassants l'analyse transactionnelle allait-elle révéler ? Disons, pour simplifier, que la plupart des égogrammes semblaient identiques. Quelle différence y avait-il entre une personne totalisant 5 Parent Critique/ 3 Parent Nourricier / 15 Adulte / 4 Enfant Adapté / 2 Enfant Spontané et une autre dont le score était 3 Parent Critique/ 5 Parent Nourricier / 15 Adulte / 2 Enfant Adapté / 4 Enfant Spontané ? Je n'en savais toujours rien quand Elisabeth nous expliqua que l'ensemble des réponses était correct et indiquait que nous étions tous formidables, extraordinaires et parfaitement équilibrés, ce qui ne faisait que confirmer ses premières remarques comme quoi nous étions plus brillants les uns que les autres ! « Oh là là ! », dit-elle comme si la preuve de notre excellence avait été si rapide et si convaincante qu'elle avait quelques difficultés à l'assimiler.

S'agissait-il simplement d'un jeu de société utilisé par les formateurs afin de nous impliquer ? Dans ce cas, cela revenait à demander à quelqu'un de faire semblant d'être Français et de s'appeler Jean-Paul, puis à lui tendre un *ballon**, à lui dire *jouez avec**, avant de lui demander de manière prévisible : « Jean-Paul *qu'est-ce que vous faites** ? »

33

Lorsque un usager était bouleversé ou furieux, l'Assistance aux Voyageurs nous conseillait d'adopter un comportement en mesure de ramener l'enragé au pays de la raison, qui portait, dans ce schéma, l'étiquette Adulte. Apparemment, il existait plusieurs méthodes pour parvenir à ce but, telles que poser des questions factuelles en les formulant de manière à fournir l'information dans la réponse et à exclure la réplique monosyllabique oui-ou-non, satisfaisante au plan affectif mais nullement adulte. Afin de contrebalancer cette ruse, nous devions éviter de bombarder de questions les clients encore trop éloignés de la frontière adulte que nous tentions de leur faire franchir. Il fallait d'abord les calmer, comme les enfants désobéissants qu'ils étaient.

* En français dans le texte.

34

Après le Traitement des Réclamations, nous abordâmes la Sensibilisation et Conduite à tenir en cas d'Agression. Judith et Shaz étaient assis à côté de moi à la cantine et ce que l'on nous avait enseigné résonnait encore dans leurs têtes. « J'accepterai jamais de me faire engueuler par qui que ce soit, mec, dit Judith d'une voix hargneuse. Le premier qui me débine, je lui dis d'aller se faire voir. J'suis pas payée pour supporter la connerie humaine... » Elle fut interrompue par son portable et dut quitter la salle pour améliorer la réception.

Shaz l'avait approuvée d'un hochement de tête et maintenant il ne cessait de répéter « esprit combatif », puis il leva les yeux de son poisson et de ses frites pour dire qu'il aimait ça ; il avait un esprit combatif et il n'attendait qu'une chose : monter au créneau et rembarrer les trous du cul.

Tout le monde était-il devenu fou ?

35

La Sensibilisation et Conduite en cas d'Agression comportait quelques conseils étonnants. Consigne n° 1 : *Regardez toujours le client dans les yeux*. Consigne n° 2 : *Conservez une distance de sécurité*. Consigne n° 3 : *Ne réagissez pas aux agressions verbales*. Consigne n° 4 : *Demandez du secours et si aucun secours n'est disponible, réfugiez-vous dans la guérite en bois*. On m'avait déjà raconté l'histoire de cet agent de station qui après s'être enfermé dans une guérite en bois, s'était fait repérer et avait été balancé sur la voie.

Quand nous cessions de jouer les fiers-à-bras, nous nous demandions tous quel degré de violence nous allions affronter. Même si ce job n'avait pas le même profil que celui de videur de boîte de nuit, par exemple, je me souvenais avoir lu parfois dans l'*Evening Standard* des articles sur l'accroissement des agressions au couteau contre les employés du métro. Mais cela signifiait-il que le nombre d'incidents avait simplement doublé – ou que l'ambiance ressemblait à celle décrite dans *Les Sept Samouraïs* de Kurosawa ?

36

Après le déjeuner, Elizabeth nous annonça que les cours allaient se terminer avant l'heure habituelle mais qu'il fallait que nous passions au service d'habillement pour y récupérer notre uniforme avant de rentrer chez nous. Chacun semblait tout heureux à l'idée de partir plus tôt que prévu.

Debout au milieu d'une longue queue à l'extérieur d'un baraquement préfabriqué. Le début de la file d'attente disparaît à l'intérieur du bâtiment, s'arrête, repart et après une heure passée à faire du surplace, vient notre tour. Ces gens en train de faire la queue sans conviction dans un décor de chantier naval me rappellent l'Allemagne de l'Est ou la Pologne communistes. Judith souligne d'une voix forte que si cela avait été un jour normal et que nous n'ayons pas eu la permission de partir « plus tôt », il y a une demi-heure que nous serions rentrés chez nous. Adoptant l'attitude de l'Européen de l'Est, je reste de marbre devant cette « mauvaise nouvelle », me contentant d'observer et d'attendre calmement.

37

On prend mes mesures et on me demande quelle taille et quelle pointure je fais, puis un homme coche divers articles sur sa liste tandis qu'un autre court çà et là dans la grande salle, sélectionnant les vêtements et les empilant à côté de moi. Tout se passe très rapidement et l'on me fait seulement essayer deux choses : les chaussures et la casquette. La seule qui m'aille est énorme. Elle est destinée à être portée par quelqu'un mesurant trente centimètres de plus que moi et ressemble à ces couvre-chefs démesurés qu'affectionnaient les généraux soviétiques de la vieille garde. Elle me fait penser à une aire d'atterrissage pour hélicoptères mais je sais que la sensation d'être ridicule disparaît rapidement.

La pile de vêtements se retrouve dans des sacs et des paquets : six chemises, quatre pantalons, deux vestes, deux pardessus, deux paires de Doc Martens, une ceinture, deux cravates amovibles, un gilet de signalisation, un porte-clefs en plastique, deux pull-overs, l'énorme casquette, plus un bandeau et un badge. Je suis déçu d'apprendre que les boxer-shorts branchés du métro de Londres, portant le slogan « Attention au trou » imprimé à côté de la braguette, sont réservés au grand public et ne font pas partie de notre uniforme.

Le nombre de sacs est si énorme que je trébuche en sortant du baraquement. Jamais encore je n'ai transporté autant de « shopping » à la fois. Je songe à prendre un taxi, puis décide finalement de rentrer en métro. Lutter me fait du bien, n'est-ce pas ? Et après tout, le trajet est gratuit.

38

Dans le vocabulaire du marketing, le mot « gratuit » signifie que le prix est caché. Rien n'est jamais gratuit. Il y a toujours un prix à payer, qu'il s'agisse d'argent, d'effort, de temps ou de qualité.

39

Lors des entretiens de recrutement, on m'avait demandé au moins une douzaine de fois si le port de l'uniforme me posait un problème et j'avais répondu « absolument pas », ce qui était un mensonge. L'uniforme a pour but de rendre toutes les choses identiques extérieurement et si possible – en tablant sur l'effet psychologique – intérieurement aussi. C'était là quelque chose que je rejetais en tant que concept ; néanmoins, je savais que le contenu importait plus que le contenant et qu'on ne risque rien tant que l'on résiste à la culture de la conformité qui va de pair avec l'uniforme.

40

La culture occidentale moderne est bâtie sur l'aspect extérieur, les apparences. Pour que nous remarquions une chose, il faut qu'elle ressemble à ce à quoi nous nous attendons. Nous acceptons volontiers les affirmations péremptoires des personnes autorisées aux yeux de notre culture (nos shamans) – spécialistes, experts pontifiants, journalistes spécialisés, scientifiques, hommes en blouse blanche. Mille fois par jour, nous sommes conditionnés par le clinquant et le spectacle, le drame et l'excitation. Regarde ! Ça brille, ça clignote et ça fait un drôle de bruit – ce doit être quelque chose qui sort vraiment de l'ordinaire !

Vous attendez le bus à côté d'un saint mais vous ne possédez pas les facultés sensorielles nécessaires et vous ne voyez donc qu'une femme au foyer, un employé de bureau, un homme en bleu de travail. La nature intime est totalement masquée par la concentration sur l'aspect extérieur. Attiré par la beauté d'un visage, vous ne remarquez pas le cœur de pierre et la capacité de trahir…

Combien de fois une telle chose doit-elle se produire avant de réaliser que prendre le contenant pour le contenu est la cause de bien des malheurs ?

41

Lorsque j'enseignais à des enfants au Japon, chaque fois que je faisais un sondage, les élèves les plus jeunes votaient pour le maintien de l'uniforme à l'école, en disant qu'ils aimaient cette tenue et que sans elle, ils se sentiraient gênés. Cette réponse contraste fortement avec celle des enfants anglais du même âge qui abandonnent leur uniforme en un clin d'œil, dès qu'ils en ont l'autorisation ou échappent à la surveillance des adultes. La conclusion évidente que l'on pourrait en tirer, à savoir que la culture anglaise favorise plus l'individualisme que la culture japonaise, n'est pas exacte. Cela signifie simplement qu'il existe une hiérarchie à l'intérieur de laquelle l'uniforme a une signification différente selon les endroits et que cette dernière est liée à la façon dont nous percevons les statuts.

Dans la société anglaise, aller à l'école ou au lycée est une occupation peu prestigieuse impliquant une relation de subordination. Mais il n'en est pas de même au Japon où la scolarité, aux yeux des enfants, va de soi. Et que penser d'autres types d'« uniforme » comme le jean, le fait de s'habiller tout en noir ou de porter des chaussures de sport de grande marque ? Pour ceux qui les portent, l'enjeu est plus important que la seule « similitude », le réel message de l'uniforme. Ils constituent, bien entendu, des insignes de l'identité tribale.

42

Bombay, le Sahar International où je viens d'atterrir car je suis attendu au mariage d'un ami. Faire la queue avant de répondre à n'importe quel interrogatoire officiel me rend toujours très nerveux. Dans de telles situations, j'ai l'impression que je cache quelque chose – comme par exemple mon aversion pour les officiels – et je dois faire un effort conscient pour me contrôler. Une personne de ma connaissance a subi une fouille au corps et a été retenue pendant six heures avant d'entrer aux Etats-Unis, le soi-disant pays de la liberté, pour avoir confondu « tourisme » et « terrorisme » et avoir en conséquence répondu par l'affirmative à la question : « Avez-vous l'intention de commettre un acte de terrorisme pendant votre séjour ? » Je savais qu'il valait mieux passer inaperçu mais si de tels endroits étaient équipés d'instruments sophistiqués capables de contrôler le rythme cardiaque et respiratoire des voyageurs faisant la queue, les résultats dans mon cas confirmeraient que je suis un repris de justice récidiviste, éventuellement quelqu'un qui vient de s'échapper de prison et qui est « en cavale ». Je n'avais qu'une envie : pouvoir enfin plonger dans l'atmosphère de folie qui règne la nuit à Bombay.

Alors que nous étions arrêtés à un feu rouge, un mendiant

privé de ses mains tapa sur la vitre avec ses deux moignons et fit appel à ma générosité. Je n'avais pas de monnaie, n'ayant pas encore changé d'argent, mais durant une seconde, je me demandai comment il allait saisir ma contribution, destinée à financer son existence misérable, si jamais je baissais la vitre pour lui donner quelque chose ; allait-il tendre sa langue comme un communiant, en m'attribuant le rôle d'une sorte de prêtre, ma pièce jouant celui de l'hostie ou utiliser ses moignons comme des baguettes ? Le conducteur ignorant tout de mes étranges pensées, nous laissâmes le mendiant derrière nous et au fur et à mesure que nous prenions de la vitesse, je chassai cette idée et l'abandonnai sur le bord de la route.

43

En Inde, comme partout ailleurs, la fin d'une année et le début d'une autre donnent lieu à des festivités. Cependant, les feux d'artifice indiens sont quasiment uniques au monde et ressemblent beaucoup à des munitions. La sécurité n'est absolument pas prise en considération. On lance les fusées horizontalement, souvent à la main, et elles passent en sifflant à quelques centimètres de votre visage.

En me rendant au Yacht Club de Bombay où j'avais rendez-vous avec des amis, j'achetai à un marchand ambulant des cierges anormalement grands et dont la matière combustible était d'un rouge écarlate pour le moins inquiétant. Alors que nous tournions le coin de la rue à deux pas du club, un mendiant cul-de-jatte se précipita vers nous sur un skateboard grossier qu'il propulsait en maniant deux petits blocs de bois. Il franchit la distance qui nous séparait comme une flèche et se mit à nous importuner pour obtenir une petite pièce, sous prétexte que le fait de ne plus avoir de jambes dans l'une des villes les plus pauvres du monde méritait une aide, quelle qu'elle soit.

Comme au Yacht Club, il nous suffisait de signer la note, aucun de nous n'avait d'argent liquide. Pris d'une brusque inspiration, j'allumai l'une des chandelles et la fit partir. Elle crépita d'une manière alarmante et fit le même bruit qu'une bombe sur le point d'exploser. Au moment où nous repartions, je jetai un coup d'œil derrière moi. Penché sur sa planche, le mendiant infirme tournait sur lui-même en riant comme un fou et traçait une multitude de signes dans la lumière blanche phosphorescente qui se détachait sur le ciel noir de la dernière nuit de l'année.

44

Le quiz de l'Assistance aux Voyageurs n'a rien trouvé de mieux que d'annoncer en introduction : « Ce quiz d'auto-analyse vous permettra de : Déterminer qui sont votre client (sic)… » Il s'agissait d'un test à choix multiples et on nous donnait trente minutes pour répondre à trente-six questions. La question 11 était ainsi libellée :

L'être humain est composé de :

54 %   67,4 %   70 %   72,8 %   d'eau.

Nous savions tous qu'il fallait répondre 72,8 % car on nous avait tellement seriné cette statistique invraisemblable que nous la connaissions par cœur. Plus tard, lorsque je fis des recherches au sujet de ce pourcentage d'une précision étonnante, je découvris qu'il s'agissait d'un tour de passe-passe. Il serait plus exact de dire que le corps humain contient 50 à 65 % d'eau et que ce chiffre varie en fonction du sexe, le corps de l'homme étant plus riche en eau que celui de la femme. En outre, cette quantité d'eau diffère suivant les parties du corps : 90 % d'eau dans le sang, ce qui n'a rien de surprenant ; 30 % dans les os ; 75 % dans le cerveau et 72 % dans les muscles. Il n'y a que 15 % d'eau dans les graisses corporelles et comme les femmes ont en général plus de graisses que les hommes, il est logique que l'on observe chez elles un pourcentage d'eau plus faible.

Allant un peu plus loin, je me demandai pourquoi on nous avait donné au cours de nos études cette information qui va à l'encontre de l'intuition. Etait-ce parce que nos corps paraissent solides plutôt que « liquides » pour trois quarts, si bien que ce chiffre permettait d'accentuer notre immatérialité ? Le but était-il de nous rappeler la fluidité de l'eau qui n'adopte aucune forme définie ? Ou qu'elle est indispensable au maintien de la vie ? Le lien entre cette question et le fait de s'occuper des usagers du métro de Londres n'a jamais été éclairci.

45

Une goutte de pluie tombée des nuages
Eut honte en découvrant la vastitude de la mer.
« En regard de la mer, que suis-je ?
Là où elle est, je n'ai plus ma place. »
Touchée par sa modestie
Une huître l'adopta et la nourrit avec amour ;
Le destin fit tant et si bien
Qu'elle devint une perle célèbre, élue par un roi.
Elle atteignit la sublimité en faisant preuve d'humilité ;
Frappant à la porte de la non-existence, elle parvint
à l'existence.

Saadi

46

Lorsque j'eus terminé le test, je lus le message final placé en dessous de la question 26. Il s'agissait d'un témoignage de bonne volonté :

Merci d'avoir rempli ce test. L'unité de formation aux Compétences Relationnelles souhaite que tout se passe bien pendant le reste de votre formation à Ashfield House et vous adresse tous ses vœux de réussite dans votre nouveau poste d'agent mobile de station du métro de Londres. Nous vous rappelons que vous devez être fiers de votre nouveau travail, fiers de vous également, et ne jamais oublier :

Le client, les gens (vous), l'entreprise

Je n'ai aucune idée de ce que cela pouvait bien signifier.

47

Elisabeth me dit qu'elle avait pris grand plaisir à nous former et qu'elle aimerait rester en contact. Elle inscrivit son numéro de téléphone personnel sur un morceau de papier arraché à un cahier et me le tendit. Je le glissai dans ma serviette. Il y avait quelque chose de si triste dans sa voix quand elle me proposa de l'appeler dès que j'aurais un moment de libre pour boire un verre que j'en déduisis qu'elle savait que je n'en ferais jamais rien.

48

La journée de samedi débuta exactement comme un jour de semaine. J'enfilai mon uniforme, qui me gênait encore aux entournures, et quittai mon appartement suffisamment tôt pour arriver à Acton à neuf heures, pour le début du cours. Je m'installai au fond de la salle de classe, près d'une fenêtre, sans réfléchir et non parce que j'espérais jeter un coup d'œil à cette chaude matinée estivale, synonyme de liberté.

La culture d'entreprise d'Acton différait de celle de West Kensington, l'ambiance de l'endroit l'indiquait clairement. On y voyait bien plus d'hommes aux mains sales et à la peau huileuse – c'était un dépôt de maintenance mécanique – et Acton semblait plus particulièrement réservé aux hommes, comme une mine ou un chantier naval. Rares étaient ceux qui souriaient et tout le monde semblait fumer. En comparaison, Ashfield House était un immeuble de bureau multiculturel, avec autant de femmes que d'hommes venus de toutes sortes d'horizons.

49

Frank pénétra dans la salle, inscrivit son nom sur le tableau et prit le cahier d'appel. A l'exception de Shaz et Dan, nous étions tous présents. Même Dexter était arrivé à l'heure et somnolait tranquillement dans un coin.

Frank allait nous enseigner la Sensibilisation et Sécurité Incendie. Il nous distribua à cet effet une plaquette de format A4, avec une reliure rouge parfaitement adaptée au sujet et des illustrations sur deux lignes représentant des extincteurs. Il se mit à nous expliquer ce que nous allions faire et quel sujet il allait traiter. Un peu plus d'une minute après les remarques préliminaires concernant les trois choses nécessaires pour allumer un feu, Dan entra dans la salle.

Comme moi et un ou deux autres stagiaires, il avait revêtu son uniforme bien que ce ne fût pas obligatoire à ce stade de la formation. Frank lui ayant demandé d'une voix irritée la raison de son retard, il marmonna quelque chose que je ne saisis pas, puis sans lever les yeux et en dansant d'un pied sur l'autre, il répéta à deux reprises un ton plus haut mais humblement qu'il était vraiment désolé. Mon Dieu, pensai-je, on dirait un gamin de dix ans, que ne faut-il faire pour décrocher cet emploi ! Frank lui demanda de s'asseoir immédiatement, puis il se remit à parler sur un ton exaspéré et plus vite que précédemment, comme s'il voulait rattraper son retard sur une platine de magnétophone pendant un doublage.

« Quelles sont les trois choses dont on a besoin pour allumer un feu ? », demanda-t-il à nouveau. Si je n'avais pas déjà consulté les notes, j'aurais répondu sans hésiter : des allumettes, un briquet et, me souvenant des lunettes de Piggy dans *Sa Majesté des mouches* de Golding, une loupe ; mais je savais que la réponse correcte était : CHALEUR, OXYGENE et COMBUSTIBLE. C'est d'ailleurs ce que nous répondîmes à l'unisson, tels des perroquets. Maintenant, nous avions tous appris à tricher, comme le font les participants à une célébration nord-coréenne, et le visage de Frank se contracta nerveusement comme si nous l'avions devancé en racontant la chute de sa blague préférée. Il se demandait si nous nous moquions de lui et ne parvenait pas à trancher. Une sorte de combat semblait se livrer derrière ses yeux.

La porte de la salle de classe s'ouvrit à nouveau et Shaz entra en souriant, le sourire de quelqu'un qui aurait déjà rencontré Frank ou en serait resté à Elisabeth dans l'éventail des professeurs et s'attendrait en conséquence à bénéficier d'une compréhension bienveillante. Lui aussi portait son uniforme mais sans la cravate amovible – un accessoire humoristique assimilable au nez rouge du clown – et le col de sa chemise était ouvert. Pimpant, fringant, il avait fière allure. Son visage souriant était celui d'un jeune homme qui n'a pas encore fait l'expérience des soucis de l'âge adulte et profite de l'été. Sans lui laisser le temps de prononcer un mot ou expliquer son arrivée tardive, Frank jeta rageusement ses notes et saisissant Shaz par la chemise, il le propulsa en direction de la porte. Il avait l'air de friser l'apoplexie et son expression menaçante laissait présager une explosion de violence.

Avait-il poussé Shaz dehors pour lui filer une trempe ? Devions-nous arracher notre camarade de classe aux griffes d'un professeur complètement fou ? Ou pour être plus précis : devenu fou, puisque nous n'avions pas eu le temps d'allumer la mèche avant qu'il n'explose. C'était de sa faute et non de la nôtre. Il était possible d'ailleurs que Shaz, en artiste consommé des arts martiaux, réagisse sans réfléchir à cette hostilité, saute en l'air en tournoyant plusieurs fois sur lui-même et balance son genou en tenue d'uniforme dans les babines écumantes de Frank. Au lieu de bondir sur mes pieds et de traverser en courant la salle de classe pour regarder à travers le vitrage de la porte comme j'en mourais d'envie, je restai assis en m'efforçant d'entendre des cris étouffés.

D'un côté, je désirais qu'une bagarre eût lieu. Si notre professeur devait être admis au service des urgences, nous allions rentrer chez nous plus tôt. Mais mon côté sensible rechignait à l'idée que Shaz sacrifiât sa chance de décrocher un bon boulot estival pour nous permettre d'échapper à quelques heures d'ennui. Ne comprenant pas pourquoi il avait été victime de cet accès de véhémence, Shaz n'allait peut-être pas réagir, si ce n'est en cessant de sourire, se laisser pousser dans le couloir et au-delà, puis jusque chez lui ; et sous l'effet de l'élan, enlever son uniforme et passer le reste de cette belle matinée à jouer au cricket loin des classes mal aérées d'Acton House. Renvoyé chez lui pour dix minutes de retard, Shaz avait eu droit à un carton rouge.

Il en fallait peu certainement pour que Frank sorte de ses gonds et il risquait, de ce fait, de nous recaler. Nos professeurs devaient savoir que nous étions en leur pouvoir : ils pouvaient en effet s'interposer entre nous et l'emploi que nous essayions tous de décrocher.

Bien entendu, s'il ne s'agissait pas d'un accès de folie, une autre raison expliquait le comportement de Frank. De nombreux professeurs expérimentés utilisent une stratégie anti-chahut classique : montrer dès l'abord aux étudiants qui est le maître à bord afin que tout se passe en douceur ensuite. En agissant ainsi, ils contrôlent totalement la situation. Mais des méthodes aussi draconiennes ne devraient-elles pas être réservées à des enfants indisciplinés au lieu d'être appliquées à des adultes dont certains, d'âge mûr, avaient déjà connu des moments difficiles, des étudiants sur lesquels on pouvait donc compter et capables d'entendre raison ?

50

Qu'est-ce qu'un professeur ? Quelqu'un qui possède ce dont vous avez besoin et sait comment vous le donner.

51

Frank était là pour parler du feu, pas pour faire de la pédagogie. Il n'y aurait pas de débat et il se mit à discuter de notions auxquelles je n'avais plus pensé depuis ma première année de physique, il y a plus de vingt ans : convection, conduction, rayonnement. La salle de classe était surchauffée et manquait d'air, l'ambiance, subversive. Qui s'en souciait réellement ? Tout cela n'était jamais que du feu.

52

A ce jour, mes expériences avec le feu n'étaient pas de nature à me mettre en confiance. A douze ans, j'avais essayé d'éteindre une poêle en flammes avec un siphon d'eau de Seltz. La boule de feu produite avait détruit les rideaux Laura Ashley de la cuisine que ma mère adorait et une poupée en maïs placée en permanence près de la cuisinière, hideuse mais ayant une valeur sentimentale car elle était sortie indemne du bombardement d'une maison familiale par un V2 pendant la Seconde Guerre mondiale. Dix ans plus tard, alors que j'aidais un ami, propriétaire d'un immense domaine, à brûler les branches élaguées de longues rangées d'arbres fruitiers, comme le bois était humide, je voulus activer le feu à l'aide d'un jerrican d'essence trouvé dans une remise. Il n'y avait personne à proximité pour observer la déflagration qui s'ensuivit, me projetant par-dessus la haie et brûlant si fort mes sourcils qu'il fallut attendre cinq semaines avant qu'ils ne repoussent.

Plus récemment, au Japon, je fumais tranquillement ma pipe aux premières heures du jour dans l'une des deux pièces à six tatamis de l'appartement que je partageais avec deux amis lorsque la porte coulissante donnant sur l'autre pièce s'ouvrit. L'un de mes amis, encore à moitié endormi et clignant des yeux au contact de la lumière, se plaignit que ma pipe l'importunait. Au moment où la porte coulissante se refermait, il apparut que l'épais nuage de fumée qui l'avait gêné ne venait pas de ma pipe mais de la pièce où il dormait. Mon *futon*, déroulé en attendant que je l'utilise, avait pris feu au contact d'une lampe de bureau que le second ami, dormant encore, avait placée contre le sol sous prétexte que « la lumière le gênait ». Il fallut éteindre le feu avec soin, utiliser le hachoir de la cuisine pour trancher la partie incandescente du *futon*, puis la jeter dans la baignoire et disperser la fumée. Le tout sans alerter les voisins qui nous auraient obligés à déménager car ils craignaient le feu plus que tout, à juste titre dans une maison en bois où les cloisons étaient en papier et les pièces chauffées par de vétustes brûleurs au kérosène.

53

Après avoir suivi durant quatre jours un stage d'initiation à l'art de travailler le bois, un ami me raconta tout excité comment il avait appris à faire du feu avec une drille à archet. Il avait également fabriqué la drille – et le feu avait semblé sortir de nulle part. Il me dit que c'était magique et que l'on en tirait une intense satisfaction car cela exigeait un tour de main. Il me montra une corde qu'il avait tressée en se servant des fibres d'une plante courante, ainsi qu'un hameçon pour petits poissons, fabriqué avec des bandes d'écorce et une épine, qui ressemblait à une pièce exposée dans la section peuple celtique de Grande-Bretagne d'un musée. Je comprenais son enthousiasme. Acquérir un savoir-faire est une forme d'initiation à un mystère. C'est véritablement quelque chose que d'être capable de faire du feu.

54

Au lieu de nous proposer des connaissances et un savoir-faire pratiques dans le domaine de la lutte anti-incendie comme je l'espérais ou au moins un condensé de quelques règles de base tirées de l'incendie de la station King's Cross en 1987 qui fit trente et un morts en moins de seize minutes, on nous montra une vidéo sur l'incendie du Bradford Stadium et ensuite, tels des décorateurs d'intérieur, nous examinâmes la palette de couleurs d'une rangée de cinq extincteurs. Cet exercice fut suivi d'un court test afin de vérifier quels slogans de sécurité nous étions en mesure de nous rappeler. Quand arriva le moment de la pause du milieu de la matinée, Frank partit comme une fusée et fut le premier à quitter la salle.

Les extincteurs étaient rouge, noir, crème et vert ; ils contenaient des substances différentes et avaient été conçus pour lutter contre différents types d'incendie. Je supposai qu'après avoir appris par cœur la destination de chacun d'eux, nous allions éteindre un ou deux feux maîtrisés, allumés dans des récipients adéquats, du genre poubelles ininflammables. Mais il n'y eut pas de travaux pratiques. Si nous devions un jour combattre un incendie nous apprendrions à le faire à ce moment-là.

55

Maintenant que nous savions comment réduire au silence une alarme et comment y répondre, le moment était venu de parler des paquets suspects, ou en d'autres termes : des bombes. Elisabeth m'avait dit que le métro de Londres avait conclu un arrangement privé avec l'IRA ; que ce moratoire prévoyait que les Provos ne déposeraient pas de bombes dans le réseau du Tube. Je m'étais demandé d'où elle tenait cette information et si l'IRA avait obtenu quelque chose en contrepartie. Des transports gratuits ? Des réductions à la boutique du London Transport Museum de Covent Garden ?

56

Les informations que l'on nous fournit sur les bombes allaient toutes de soi, excepté le fait que nous devions immédiatement couper notre radio quand nous nous trouvions dans le voisinage d'un objet susceptible d'être une bombe de crainte que les ondes radio la fassent exploser.

Outre cette unique information utile, nous eûmes droit à des directives détaillées sur les dangers des bombes, résumées à l'aide du slogan suivant :

Soyez vigilants
Vérifiez tout
Peut-être n'est-ce rien
Mais ne prenez pas de risque
Avertissez aussitôt :
 * le contrôleur de la ligne
 * la police des transports britanniques (Auto 999)
 * le surveillant de station
N'oubliez jamais que les bombes peuvent adopter n'importe quelle FORME et n'importe quelle taille.

Remarquant que les premières lettres de chaque slogan lues de haut en bas (la pensée verticale ?) formaient le mot BOMBS, je fus saisi d'admiration pour l'auteur de ces notes qui permettaient de se souvenir facilement de certains mots.

A nouveau, on nous fit passer un test, portant cette fois sur les bombes, et chacun de nous reçut ensuite un certificat de Sécurité Incendie. Je rapportai le mien chez moi et le glissai dans un dossier. Jamais personne ne demanda à le voir ou n'en fit à nouveau mention.

57

Shaz arriva au début du cours si bien que je dus attendre la pause-café du matin pour le questionner. Je savais à quel point les jeunes adultes détestent être traités en enfants et je m'attendais à une tirade pleine d'amertume contre le colérique Frank. Mais Shaz semblait avoir oublié ce qui s'était passé deux jours plus tôt.

« Qu'est-il arrivé de l'autre côté de la porte ? » demandai-je. « Quelle porte ? » dit Shaz. « Samedi matin. Tu as assisté pendant environ dix secondes au cours sur la sécurité incendie, et on ne t'a plus vu. Qu'est-ce que Frank t'a dit ? » « Son nom, c'est Frank, non ? Il a donc été franc avec moi. Il m'a conseillé de rentrer chez moi. Il m'a dit qu'il en avait marre de se répéter, que je n'avais qu'à revenir la semaine suivante. Pas de quoi fouetter un chat. Je suis allé jouer au cricket. Et vous, qu'avez-vous fait ? » voulut-il savoir. « On a regardé une vidéo et appris à identifier le contenu d'un extincteur à partir de sa couleur. On a aussi bossé sur les bombes », répondis-je. « Les bombes ? Génial ! Comment les désamorcer et des trucs du même genre ? » dit Shaz. « Non, nous sommes plutôt partis du fait que tout ce qu'on ne peut pas ouvrir est une bombe et qu'il faut donc appeler Police Secours, même quand il s'agit d'un bagage oublié. Nous sommes également censés utiliser une couverture isolante et non un extincteur au CO_2 pour éteindre les usagers qui prennent feu. »

58

Après la pause-café de l'après-midi, Barbara, chargée du cours théorique sur la signalisation et la sécurité des voies, arriva avec un bout de métal, un objet qui ressemblait par la taille et la forme à l'appareil que l'on utilise pour immobiliser une voiture. « C'est un court-circuiteur », dit-elle en brandissant la chose au-dessus de sa tête, puis en lui faisant décrire un arc de cercle, comme s'il s'agissait d'une baguette magique. Elle semblait partir du fait que nous savions à quoi servait un court-circuiteur ou que nous allions comprendre l'utilité de cet objet simplement en le regardant. « A quoi ça sert ? », demanda Dan, posant la question pour nous tous. « On l'utilise, le court-circuiteur, pour isoler en toute sécurité le rail conducteur. Vous en mettez un à l'avant du train et un autre à l'arrière et le courant ne passe plus. »

59

Le court-circuit survient quand une voie offre une plus faible résistance à la charge électrique que le circuit « normal ». L'électricité emprunte la voie de la moindre résistance.

A l'échelle humaine, nombre d'habitudes et de comportements obsessionnels compulsifs ou de dépendance peuvent être classés comme étant des courts-circuits. Ils sont liés au besoin de satisfaction immédiate de l'humeur et deviennent rapidement des pièges. Ceux qui en sont victimes se comportent comme s'ils étaient gouvernés par des forces extérieures. Pour remédier à cet état, il faut avoir conscience qu'il y a un court-circuit.

60

Il suffisait de se souvenir de deux choses. Dans un premier temps, fixer l'une des extrémités du court-circuiteur contre le rail conducteur, puis, en détournant les yeux pour ne pas être aveuglé par l'arc électrique, abaisser vivement l'autre extrémité du court-circuiteur contre le second rail et relâcher aussitôt. Il fallait également positionner ses pieds de manière à ne pas faire partie du circuit que l'on espérait couper. Cela ne paraissait pas trop difficile mais j'avais oublié que pour nombre de gens faire deux choses à la fois est une véritable gageure.

Barbara, qui ne comptait plus le nombre de fois où elle avait mis un circuit hors tension, nous fit deux démonstrations, puis annonça que nous allions faire chacun un essai. Dan ne quitta pas les rails des yeux lorsqu'il abaissa le court-circuiteur avec un bruit métallique retentissant et apprit un instant plus tard qu'il était maintenant aveugle. Judith perdit elle aussi la vue. Dexter, aveugle aux dires de Barbara, avait en réalité les yeux fermés lorsqu'il abaissa l'appareil mais Barbara ne s'en était pas aperçu. Je l'avais observée avec attention et me mis à exécuter exactement les mêmes mouvements que lors de la démonstration, les yeux obstinément fixés sur un immeuble de bureau tout proche et extrêmement laid comme si ma vie en dépendait. Barbara sembla apprécier que l'un des membres du groupe ait réussi à retenir la manière dont il fallait positionner ses yeux. Je me demandai pourquoi nous nous exercions sur un tronçon de rail factice placé sur la bordure en gazon d'un immeuble de bureau plutôt que sur des rails sous tension. Viendrait bien un moment où il faudrait passer de la simulation à la chose réelle. *La réalité était-elle exclue de notre formation ?*

61

Apprendre une chose en la faisant suppose que l'on prenne des risques, lesquels peuvent être évités ou réduits en simulant l'activité sous une forme excluant les facteurs de risque. Cependant, à moins que le stagiaire ignore qu'il s'agit d'une simulation et croit en conséquence s'exercer pour de vrai, savoir que le risque a été réduit ou annulé aura un effet handicapant. Les réactions les plus difficiles à enseigner – la maîtrise de la peur, par exemple – peuvent très bien ne pas se produire. Pour qu'une expérience simulée ait la même fonction qu'une situation réelle, il faut que la dissimulation soit effective.

62

J'avais oublié la marche le long des voies. Nous craignions d'avance cette sortie lorsque nous avions découvert le premier jour qu'elle faisait partie de la formation mais, comme personne ne nous avait précisé quand et si elle aurait lieu, nous n'y pensions plus.

Une fois encore, nous nous réunîmes dans la salle de cours de Frank, à Acton. La veille, on nous avait dit de porter uniquement un certain type de chaussures. Au cours de cette marche, nous allions emprunter la Piccadilly Line entre les stations Northfields et South Ealing. Un trajet court mais qui allait nous obliger à traverser les voies en enjambant les rails sous tension. Eviter les trains me semblait un jeu d'enfant ; ils sont si imposants et bruyants que l'on peut les voir et les entendre à une distance considérable. L'électricité est invisible et nous ne la connaissons qu'à travers ses effets.

Nous nous étions demandé si la tension était suffisante pour tuer quelqu'un et suite à cette discussion, la majorité d'entre nous avait convenu qu'il fallait tomber sur les deux rails en même temps pour risquer la mort par électrocution.

Marchant sur une seule file, tous vêtus d'un gilet orange de signalisation. Frank et deux de ses collègues nous encadraient : brassard au bras, ils étaient munis de lampes et de drapeaux. Lorsque nous nous mîmes en route, l'ambiance de sortie scolaire s'était évanouie et chacun semblait concentré. Le ballast crissait sous mes pieds et j'essayais de regarder à la fois devant et derrière moi. Comme nous avancions en groupe serré, je ne voulais pas perdre l'équilibre si jamais quelqu'un me heurtait.

Un merle perché sur une aubépine en bordure de la voie lança un cri d'alarme. Un coup de sifflet lui répondit, comme s'il y avait de l'écho. Un train approchait et nous reculâmes prudemment vers l'un des côtés de la voie tandis que les voitures de la Piccadilly Line, direction Heathrow, passaient, bondées de touristes et d'hommes d'affaire se rendant on ne sait où. Nous aussi, nous voyagions, nous suivions quelqu'un, comme le conducteur du train de la Piccadilly Line qui avait effectué de nombreuses fois ce trajet et savait exactement quoi faire et où aller. Nous traversâmes les voies sans incident et soudain soulagés, rejoignîmes le quai de la station South Ealing au moment où une autre rame, quasiment vide celle-là, passait en trombe, venant de la direction opposée.

Nous restâmes là, souriant. Nous avions réussi. La marche le long des voies était terminée et nous étions sains et saufs. Personne n'avait perdu un membre, broyé par les roues d'une locomotive, et aucun de nous ne s'était fait électrocuter. Nous savions, je crois, que ce n'était pas grand-chose, simplement une balade de quelques centaines de mètres dans la poussière, un saut par-dessus les rails et s'écarter au moment où un train imposant passait dans un bruit de ferraille, suffisamment loin pour que nous ne risquions rien ; mais nous avions tellement parlé de la dimension hasardeuse de cette partie de notre formation que cette sortie avait eu un effet cathartique.

Tel un chaman, Frank matérialisa le symbole de notre succès, le signe du triomphe de chacun. Il fouilla à l'intérieur de sa veste et en sortit un paquet de portefeuilles en plastique transparent, contenant une feuille de papier pliée. Il leur jeta un coup d'œil, les classa par ordre alphabétique et les distribua. C'était nos licences officielles. En prenant la mienne, je réalisai que ma formation était terminée. Il était temps de se mettre au travail.

Deuxième partie

Révélations dans le tunnel

Tunnel – … 3. Longue période difficile ou pénible…
Concise Oxford Dictionary (9e édition)

« Quand il est privé de révélation, le peuple est sans frein. »
Proverbes XXIX, 18

1

Rien ne se passe tant que rien ne bouge. La vie réside dans le mouvement. Le rythme de ma propre vie s'était indéniablement ralenti et les distances parcourues étaient quasiment réduites à néant. Traversant l'aire de circulation médiane – la station Oxford Circus est conçue comme un triple sandwich – je me dirigeai vers les escaliers roulants 9 et 10 et avançai dans le couloir à grandes enjambées régulières, fidèle à la démarche que j'avais récemment adoptée. Omar, un agent de station gracile d'ascendance soudanaise, se déplaçait avec une telle aisance et une si noble insouciance qu'on l'imaginait traversant non pas le quai 5 mais les immenses espaces de la brousse, avec un chameau. Seul Salman Qureshi, un surveillant de station hyperactif qui menait toute la journée un train d'enfer, circulait à une allure folle – version café au lait du lapin blanc d'*Alice au pays des merveilles*, portant un écritoire à pince au lieu d'une montre de gousset, arrivant, repartant aussitôt, toujours sur la brèche.

2

Marcher lentement permettait d'effectuer plusieurs choses à la fois : cela avait un effet calmant et dégageait une impression d'autorité et de certitude – je me déplace à cette allure parce que je connais ce lieu et n'ai pas besoin de me démener sous l'effet de la panique. Cette manière de me déplacer me détendait et me permettait en conséquence de résister au besoin constant de rabrouer les usagers grossiers. La marche représentait un moyen de conserver mon calme et chaque jour je parcourais des kilomètres, foulant des dalles en béton et du métal en mouvement.

3

Sitôt sorti de l'escalier roulant, je jetais un coup d'œil machinal aux deux extincteurs posés sur leurs supports afin de vérifier qu'ils n'avaient pas été déplacés depuis mon dernier passage, la veille au matin. Personne n'y avait touché, la marque tracée dans la poussière entre l'extincteur et le mur était toujours parfaitement rectiligne. A la fin du couloir qui reliait le quai 6 (ma maison) au quai 4, je tournais à gauche pour pénétrer dans mon domaine, puis à droite afin d'entamer les rituels qui marquaient mon entrée sur le quai.

Il s'agissait de consignes de sécurité et je les traitais toujours dans le même ordre. S'approcher en premier du mur situé à l'extrémité du quai, en tête de train, afin de vérifier que les scellés du téléphone du tunnel sont intacts. Contrôler également que les portes fermées donnant sur le quai le sont effectivement. Vérifier ensuite que le téléphone public fonctionne et qu'il accepte aussi bien les pièces que les cartes de crédit et les télécartes car c'est le seul téléphone utilisable avec des pièces lorsque que l'on a franchi les portillons. S'assurer que les néons ne clignotent pas et qu'ils sont tous en état de marche. Qu'il n'y a pas un tas de matériaux inflammables sur les voies. Que les extincteurs et les lances d'incendie sont intacts et à jour. Que la civière des premiers secours n'a pas été grignotée par les souris de la station et qu'elle se trouve toujours à l'intérieur du placard mural construit à cet effet et suffisamment grand pour que j'y dépose les journaux abandonnés que je reprendrai plus tard lorsque j'aurai regagné l'air libre, c'est-à-dire un monde où la lecture des quotidiens est autorisée. Vérifier l'autophone, relié au réseau téléphonique interne du métro. Et pour finir, le système de sonorisation du quai dont la première annonce de la journée révélera l'état : faible à non fonctionnel.

4

Comme je marchais et me déplaçais lentement, ces contrôles prenaient plus de temps que nécessaire, mais il n'y avait aucune raison d'aller plus vite. Le but de ces vérifications leur conférait un sens et malgré leur nature répétitive et machinale, liée au fait d'accomplir les mêmes gestes dans le même ordre chaque jour de la semaine, je préférais cette activité routinière à des tâches beaucoup plus utiles, comme de demander aux usagers de se tenir éloignés des portes au moment de la fermeture. Qui donc se souciait de ces avertissements stéréotypés ? Personne ne s'approchait jamais de moi pour me remercier de l'avoir averti du danger encouru en cas de brusque fermeture des portes. Des milliers d'avertissements dont personne ne tenait compte. Cassandre, avec un micro à rallonge et une voix manquant totalement de conviction.

5

« Alors que la vitesse devient une qualité lorsqu'on la rencontre chez un cheval, elle ne présente en soi aucun avantage. »

Mohammed El Ghazali

Il existe une plaisanterie au sujet de quelqu'un en train de peindre à la hâte une porte, en étalant la peinture aussi vite qu'il est humainement possible. « Pourquoi peignez-vous à une telle vitesse ? » demande un badaud. « Regardez à l'intérieur de ce pot, répond le peintre. Il reste très peu de peinture... et je veux terminer cette porte avant qu'il n'y en ai plus. » Je pense à cette histoire chaque fois que j'observe la précipitation dans laquelle nous vivons tous. Notre hyperactivité et notre hâte paraissent s'expliquer ainsi : Je me déplace à toute vitesse afin d'accroître la qualité de ma vie. Mais cette réponse implique à son tour d'autres questions : quand cesserez-vous de vouloir améliorer votre qualité de vie et commencerez-vous à vivre ? Une minute de vie n'est-elle pas aussi délectable et réelle que la suivante ?

6

J'ai payé mon tribut à la précipitation puisque j'ai vécu quasiment toute ma vie dans des mégapoles. A Tokyo, j'ai rencontré un homme qui souffrait en permanence d'une étrange douleur au poignet gauche due, il finit par le comprendre, au fait qu'il consultait sans cesse sa montre. A Londres, ce serait une aberration que de vouloir planifier avec précision le laps de temps nécessaire pour aller de A en B. A Tokyo, il suffit de se procurer un horaire des trains locaux et des lignes de métro, ainsi qu'une montre marquant l'heure exacte. Si votre montre s'arrête, vous pouvez la remettre à l'heure en vous basant sur l'horaire du prochain train. A Londres, les choses ne se déroulent pas tout à fait ainsi.

7

« Seules les pensées nées de la marche ont de la valeur. »

Nietzsche

Au moment où la première horde de voyageurs matinaux s'écoulait du train, contournant ma forme immobile comme une rivière un rocher, je réfléchissais au langage du corps. Pas les trucs que l'on vous montre dans les documentaires, du genre mouvements synchronisés de deux amants en train de boire un verre dans un bar ou coups d'œil répétés à droite suggérant un mensonge. Mais quelque chose de plus fondamental : comment nous nous déplaçons. Je commençai à développer un système de classification des démarches ; laissant de côté les manières de marcher comiques, bien que dans ce domaine il n'y ait que l'embarras du choix, je m'intéressai au nombre restreint de démarches ordinaires et à ce qu'elles pouvaient éventuellement m'apprendre sur les personnes qui se déplaçent ainsi.

Les jeunes gens et les adolescents portant des chaussures de sport adoptaient souvent ce que Tom Wolfe a nommé la démarche chaloupée du souteneur. Pieds tournés vers l'extérieur, hanches ouvertes et projetées vers l'avant, roulement cadencé des épaules et balancement réitéré des bras. Cette manière de marcher était un avertissement : Je suis mauvais, faites gaffe ! Mais il suffisait de poursuivre votre observation pour découvrir certains indices de la véritable personnalité. Par exemple, des mouvements de la tête, semblables à ceux des oiseaux, afin de vérifier que personne ne le regardait, allaient peut-être révéler que ce mauvais garçon souffrait de timidité.

La manière de marcher des hommes du bâtiment ou des adeptes de la musculation avait une parenté avec la démarche chaloupée. Même position des pieds, talons utilisés pour propulser le corps vers l'avant à partir des hanches. L'aine proéminente – avons-nous hérité cela des primates, le premier mâle se laissait-il guider par ses organes génitaux ? – et comme une sorte de contrepoint à la rotation des hanches, le haut du corps qui parade. Contrairement à la démarche chaloupée du souteneur, il n'y avait pas d'enjeu direct dans cette façon de se déplacer et parfois même on sentait poindre sous ces mouvements un humour bon enfant, témoignant peut-être d'une confiance dans son propre corps. C'était d'abord et avant tout une démarche physique : Je suis un manuel, mon corps me sert à gagner ma vie. Je suis mon corps.

Les gens plus intellectuels pratiquaient « la chute en avant ». Une démarche qui supposait que penché en avant dans un état de déséquilibre, on fasse glisser l'un de ses pieds pour éviter de tomber à la renverse – puis que l'on répète le même mouvement avec l'autre jambe. Je suis certain que si l'on filmait les gens qui marchent ainsi, puis qu'on leur visionnait le film, ils seraient les premiers surpris. Ce type de démarche supposait un total manque de conscience de soi. Ces personnes étaient sans doute en permanence absorbées par elles-mêmes et très peu connectées au monde physique qui les entourait.

Les personnes de très grande taille avançaient grâce au « coup de genou ». Lorsque l'on marche ainsi, on fait comme si les muscles fléchisseurs des hanches n'existaient pas et la partie inférieure des jambes est remise en place grâce à une poussée des muscles des genoux. Comme le haut du corps reste immobile, on a l'impression d'avoir affaire à un oiseau marcheur, une cigogne ou un héron. Cette démarche semblait signifier quelque chose comme : « Mes jambes sont si longues qu'elles monopolisent l'action. »

8

Selon moi, les chaussures s'interposent, par l'intermédiaire des pieds, entre vous et la conscience de vos actes plusieurs fois par minute. Dans ces conditions, il vous arrive souvent de marcher d'une manière qui n'est ni naturelle ni bénéfique.

Et si vous êtes une femme, vos chaussures peuvent même vous tuer ! J'ai appris récemment que le British Standards Institute a fait pression pour que les chaussures à semelle compensée portent l'avertissement suivant : « épidémie de chaussures tueuses ». Cette mise en garde n'avait rien d'exagéré. Une Japonaise de vingt-cinq ans travaillant dans une école maternelle est tombée à cause de ses sandales à talons compensés, s'est blessée à la tête et est décédée – et l'on pourrait également citer de nombreux cas de fractures et de foulures. La mode ne fait plus seulement rêver, elle tue.

9

A aucun moment de son histoire, l'homme n'a renoncé à décorer son corps et son environnement dans le but de les embellir et d'en tirer du plaisir. Cependant, la parure a largement pris le pas sur le développement de la sensibilité esthétique et aujourd'hui, il est clair qu'elle est conditionnée par la société de consommation. Et il y a peu de chances que cette situation évolue tant que les fabricants d'articles de mode et de fantaisie en tireront des bénéfices.

L'obsession de la parure est liée à la crainte de ne pas être à la hauteur, induite dès le plus jeune âge chez ceux qui ne se préoccupent pas encore de leur apparence extérieure. Vous risquez de passer pour un fou ou un parfait imbécile si vous vous désintéressez de votre apparence ! Si vous voulez savoir comment vous comporter, observez ce que font les autres !

10

A cause d'une alerte à la sécurité à Picadilly Circus, la Bakerloo Line avait été arrêtée dans les deux sens entre Charing Cross et Paddington. Sans me presser, je rejoignis M. Ojo, qui surveillait le quai 4 (desservant la Bakerloo Line, direction nord) parallèle au quai 6, mon propre univers.

Aussi étonnant cela soit-il, ces deux quais étaient différents. Le quai 6 avait nettement plus de classe ; plus beau, plus propre et plus lumineux, il bénéficiait également du contraste des couleurs de la Victoria Line : blanc et bleu centaurée. Ce même bleu que l'on retrouve partout dans les quartiers résidentiels de Sidi Bou Said à Tunis où l'intensité de la lumière semble exiger un bleu doux et rafraîchissant. Il repose les yeux et en le contemplant, vous songez à l'eau, source de toute vie.

Comparé à ce bleu, le brun de la Bakerloo Line semblait bien terne. Nous trouvions régulièrement des crottes de chien dans les couloirs menant à cette ligne. Ces offrandes passaient inaperçues parfois pendant un jour ou plus et étaient transformées en coprolithes par le vent sec qui soufflait dans les tunnels.

Je commençai par expliquer ce qui se passait aux voyageurs agglutinés autour de moi. Pour les tranquilliser, je m'exprimais sans élever la voix et d'un ton soumis – je savais que notre façon de parler était bien plus importante que les informations précises que nous fournissions. L'alerte à la sécurité posait un problème : il était impossible de déterminer combien de temps elle allait durer, ce que bien entendu tout le monde aurait aimé savoir. En général, il s'agissait d'une fausse alerte : un sac oublié ne contenant que des dossiers et un casse-croûte. Une fois, nous avons ouvert la fermeture éclair d'une sacoche rouge vif, en infraction avec les règlements et au risque d'être pulvérisés si nous avions eu affaire à un colis piégé. A l'intérieur du sac, vide par ailleurs, se trouvaient deux petits crocodiles en caoutchouc.

Je fis de mon mieux pour aider chacun, proposant des trajets différents à ceux qui étaient pressés de prendre un train à Marylebone et Paddington et conseillant aux autres de rester sur le quai car j'espérais que dans quelques minutes « le problème serait résolu ». Derrière moi, une voix de femme exigea soudain toute mon attention : stridente, criarde et si acérée qu'elle semblait s'enfoncer dans mon dos telle une dague. Je me retournai pour lui répondre, tout sourire, et me retrouvai face à une aveugle corpulente, tenant la laisse et le harnais d'un labrador de couleur sable.

« J'ai déjà une heure de retard, dit-elle d'une voix geignarde. C'est à cause du manque d'efficacité du personnel de Miles End. » Il y avait eu également un hold-up sur la Central Line. Il est extrêmement rare que ce type d'incidents ne se produisent pas à la chaîne et parfois nous étions même complètement dépassés par les événements. Les alertes à la sécurité étaient particulièrement « contagieuses », comme si chaque équipe reprenait à son compte la nervosité ambiante au cas où cela se révélerait vrai cette fois. « Je suis désolé, dis-je. Que puis-je faire pour vous ? » Elle continuait à fulminer et comme elle refusait l'une après l'autre excuses et suggestions, le ton de ma voix changea, mon débit mesuré laissant percer une note d'exaspération. « Que voulez-vous que je fasse ? demandai-je d'une voix éteinte. Voulez-vous quitter la station et emprunter les transports de surface ? » Sa mauvaise humeur ne fit que croître. « Je ne veux pas gêner les autres voyageurs, marmonna-t-elle. On m'a déjà reproché dans cette station d'arrêter les escaliers roulants. »

Je compris soudain qu'elle n'était qu'une mégère, jamais contente et inconsolable. Elle se moquait complètement de ce que moi ou quiconque pouvions dire, ce qu'elle voulait, c'était vous punir. Mes Compétences Relationnelles ne servaient à rien. La regarder dans les yeux et utiliser un langage du corps positif n'auraient pas eu plus de succès. Je me contentai donc de fixer son chien dans les yeux en souriant, trop heureux qu'elle ne le lâchât pas sur moi.

Alors qu'elle reprenait son souffle avant de râler à nouveau, la radio annonça la fin de l'alerte et au même instant nous entendîmes une rame approcher. Je n'avais parlé avec cette femme que quelques minutes et pourtant j'étais en colère et j'avais l'impression d'avoir été maltraité. A cheval sur mon épaule, un diable posait des questions. Arriverais-je à m'en sortir si je la poussais sous le train ? Dans quelle direction les caméras vidéo de la station étaient-elles orientées ? Parviendrais-je à saisir en même temps la laisse et à sauver ainsi l'innocent chien ? « Je n'aime pas du tout votre ton ! », cria-t-elle à l'espace vide, celui que j'avais occupé précédemment, puis toute hérissée, comme un type qui cherche la bagarre dans un bar et ne parvient pas à cogner sur quelqu'un, elle monta dans le wagon.

11

Il est tout à fait exact que le rythme auquel nous vivons affecte tout ce que nous percevons. Un prestidigitateur apprend à se mouvoir très rapidement afin de détourner l'attention de sa dextérité manuelle. Même s'il y parvient, il y a une vitesse en dessous de laquelle sa dextérité se matérialisera et deviendra visible. Un grand nombre d'activités et de modes de pensée ne peuvent être menés à bien que s'ils sont organisés et exécutés suffisamment lentement pour qu'il n'y ait aucune omission, perceptive et pratique. Il existe une vitesse au-dessus de laquelle la tâche ou la pensée capote.

Nos vies reposent souvent sur la supposition que tout ce qui peut être accéléré devrait l'être. Il n'y a pas mieux que l'accélération et celle-ci entraînera un accroissement de l'efficacité. Une telle approche provient de l'incapacité à comprendre que certaines choses doivent être accomplies lentement. Un four récent alliant micro-ondes et air pulsé à haute température rôtira un poulet en moins de quatre minutes. Suis-je le seul à penser que les effluves dégagés pendant l'heure nécessaire à cuire lentement un poulet entrent pour une grande part dans le plaisir du poulet rôti ? Ces bonnes odeurs vont-elles aujourd'hui être diffusées par un aérosol ?

Un homme participant à une course avance si lentement qu'il va finir bon dernier. Un spectateur l'apostrophe. « Allez, traînard ! Tu es le dernier ! Accélère un peu ! » « Je suis peut-être le dernier, répond le coureur. Mais j'ai une longueur d'avance par rapport à la prochaine course. »

12

Un autre voyageur aveugle, sans chien celui-là, mais avec une canne blanche. Il parlait doucement et demanda à ce qu'on le guide, si possible, jusqu'au quai 1 car il se rendait à Marble Arch. Il avait une voix assez cultivée et reconnaissant son accent égyptien, je faillis utiliser l'arabe que j'avais appris en vendant des carpettes et des tapis d'Orient dans le golfe Persique. Il s'appuya légèrement sur mon bras et j'eus l'étrange impression, au niveau de ce point de contact, d'une force et d'une perception inadéquate, comme s'il évaluait mon apparence physique en me touchant légèrement, l'équivalent au fond d'un regard attentif. J'eus l'impression d'être examiné par des palpeurs comme un vaisseau étranger rencontrant l'Entreprise dans la série télévisée *Star Trek*.

Alors que nous approchions du quai 1, j'échangeai quelques mots avec lui et il me répondit poliment quand je pris soudain conscience que cet Egyptien aveugle répondait à des questions que je formulais dans ma tête mais que je n'avais pas encore posées. Il ne pouvait pas les déduire de mes remarques précédentes car il s'agissait de pensées décousues, qui ne suivaient aucun ordre logique. J'avais déjà rencontré ce genre de phénomène auparavant, j'en connaissais « le goût » mais je ne m'attendais pas à ce qu'il eût lieu ici, pendant l'exercice de mes devoirs ordinaires.

Le train entra dans la station au moment même où je fis cette découverte si bien que je n'eus pas le temps de lier connaissance avec lui ou de lui poser des questions à ce sujet. Je l'aidai à monter dans le train et il me remercia chaleureusement de l'avoir guidé jusque-là. J'ai beau faire, je suis incapable de me souvenir aujourd'hui de quoi nous avons parlé et de son apparence extérieure. Je me rappelle cependant deux choses : il portait une cravate verte et quand le train quitta la station, un papillon blanc pâle voltigea un court instant à l'endroit où il s'était tenu, puis il s'éloigna vers la sortie en volant au-dessus des voyageurs. Je remarquai que personne ne levait les yeux, si bien qu'il passa inaperçu jusqu'à ce que moi aussi, je le perde de vue.

13

Il est possible de classer les sens dans un ordre qui nous permette d'accepter plus facilement l'irréalité de ce que nous expérimentons. Par exemple, ce que nous entendons est souvent perçu comme quelque chose de moins réel que, disons, ce que nous voyons. En fait, la vue est le sens que la plupart des gens placent en tête de liste en dépit des illusions d'optique et de l'incrédulité des saints Thomas. Nos certitudes visuelles ont d'ailleurs donné naissance à des expressions proverbiales telles que : « un dessin vaut mieux qu'un long discours » et « voir, c'est croire ».

Des recherches expérimentales ont apporté la preuve que la vue, au même titre que les autres sens, agit comme un censeur, ne laissant passer que certaines informations visuelles à partir desquelles le cerveau construit le monde visible. Pour ne pas être submergé par le traitement d'un nombre de données trop élevé, le cortex visuel « préfère deviner » si bien que certaines impressions visuelles seront perçues non pas telles qu'elles sont mais comme quelque chose à laquelle elles ressemblent quasiment.

Voilà pourquoi au lieu de dire : « Je le croirai quand je le verrai », nous devrions plutôt avoir la sagesse d'inverser les termes et de déclarer : « Je le verrai quand je le croirai. »

14

De service dans l'Arène, le hall principal de distributeurs de billets, situé juste en dessous du carrefour d'Oxford Circus, j'utilisai mon laissez-passer en attendant qu'un voyageur s'arrête, perplexe, et que je puisse l'aider. Contrairement à mes collègues, j'aimais m'approcher des gens dès qu'ils hésitaient, les yeux fixés sur le petit plan de métro gratuit, cherchant une réponse à la question : « Et maintenant, dans quelle direction ? »

Bondir d'un côté, puis de l'autre, comme une balle de flipper, m'amusait, me remplissait d'énergie et contrastait avec l'allure plus lente convenant au monde d'en bas, composé, semblait-il, d'un élément différent qui s'opposait à la vitesse et ralentissait le mouvement, comme si l'on nageait à l'intérieur d'un aquarium. Nombre de mes collègues cherchaient sans cesse l'endroit idéal pour passer le temps avec le moins possible d'interruptions, de préférence un lieu où l'on pouvait s'asseoir ou s'adosser confortablement et reposer ses pieds en évitant à la fois les surveillants de station et les demandes incessantes des voyageurs.

Un homme quelconque, portant des lunettes, attire mon attention. Après avoir passé les portillons, il repousse ses lunettes de myope aux verres épais sur le dessus de son crâne et fouillant dans la poche de sa veste, en extirpe une longue-vue. Après l'avoir dépliée, il examine avec une extrême attention les signes affichés au-dessus des escaliers roulants qui descendent vers les quais. Des lettres hautes de quinze centimètres indiquent la direction à prendre pour atteindre les trois lignes qui se croisent à Oxford Circus. Il est difficile de les rater à moins d'être complètement bigleux. Il scrute les signes comme quelqu'un cherchant des points de repères parmi les détails d'un lointain horizon, met au point sur les mots « Central Line », replie son instrument d'optique et se dirige avec confiance vers l'endroit qu'il a découvert sans l'aide de qui que ce soit. Cet homme a beau être handicapé, il s'est montré prévoyant.

15

« Un détecteur de merde inné et anti-choc, voilà la qualité primordiale d'un bon écrivain. C'est son radar et tous les grands écrivains en possèdent un. »

Ernest Hemingway

Jeff, agent de station comme moi, se plaint chaque fois que nous nous rencontrons que le salaire de son travail à temps partiel ne suffit pas à couvrir ses besoins. Il sait que cette situation est liée avant tout à un sujet que nous abordons sans cesse : quelle quantité d'alcool peut-on boire en une soirée et comment éviter le risque d'un alcootest. Il mâche à longueur de journées des chewing-gums à la menthe afin d'abuser le directeur général de station qui a l'énervante habitude de se tenir à quelques centimètres de votre visage sous prétexte de faire un brin de causette, en réalité pour déceler si votre haleine n'a pas l'odeur révélatrice de l'alcool.

Les plans de Jeff visant à augmenter ses revenus étaient souvent bizarres. Il avait lu dans un journal une annonce où l'on cherchait des volontaires pour un programme de recherche nutritionnelle. Les annonceurs offraient cinquante livres sterling soi-disant pour tenir un journal succinct de son régime alimentaire. Ayant demandé le livret d'information,

Jeff apprit qu'il fallait d'abord passer une visite médicale afin d'indiquer son poids, sa taille et prouver que l'on ne souffrait pas d'une infection. On lui fournirait ensuite une balance électronique pour qu'il pèse ses aliments et des récipients pour ses selles. Non pas des prélèvements, mais la totalité des selles pendant dix jours. L'étude portant sur le transit normal de personnes en bonne santé, les chercheurs s'intéressaient au point de vue de la cuvette des WC, pour ainsi dire, et vous faisaient confiance pour recueillir loyalement tout ce qui tombait dedans. Certains de mes amis ont gagné in extremis de l'argent en vendant leur sang et l'un d'eux a même monnayé son sperme auprès d'une clinique d'insémination artificielle d'Helsinki. Mais vendre de la merde à cinquante livres le lot me semblait une idée bien curieuse.

Jeff voulait les cinquante livres mais se voyait mal accumulant ses selles durant dix jours puis allant les livrer à l'université de South Bank. En plus, les trois capsules de *matière inerte* qu'il devait ingérer le premier et le troisième jour « afin que nous puissions suivre la progression digestive » ne lui inspiraient pas confiance. Cela sonnait comme un traceur radioactif et bien que Jeff fût toujours fauché, cinquante livres n'était pas une somme suffisante pour risquer un cancer du côlon.

« Contente-toi de tenir le journal, lui dis-je. Ne t'enquiquine pas à peser quoi que ce soit. Et fais la même chose pour les selles, va simplement ramasser ce qui traîne dans le parc près de chez toi. Vingt kilos de merdes de chien, issues d'une alimentation à base de Pedigree et de Friskies, présentées comme le produit d'un régime végétarien macrobiote, devraient permettre à n'importe quel chercheur d'encaisser des subsides conséquents pendant qu'il tente de s'y retrouver. Tu te rends compte, continuai-je, cinquante livres pour se balader dans le parc avec une pelle tout en accomplissant ton devoir de citoyen en ramassant gratuitement le caca de chien. Tout le monde serait gagnant. » Nous rîmes tous les deux, sachant pertinemment qu'il n'en ferait rien.

16

Au cours d'un dîner, il apparut très rapidement que mes idées sur la manière de contourner les règles « inutiles » différaient de celles de la plupart des invités. Ayant expliqué à l'un des convives, qui voulait enseigner au Japon, l'utilité d'un TEFL et m'étant assuré qu'il se sentait capable d'enseigner, je lui dis qu'il pouvait se contenter d'imprimer sur son ordinateur un tel diplôme au lieu de suivre réellement des cours ennuyeux et coûteux. Deux invités, avocats l'un et l'autre, se hérissèrent, sans souffler mot. Je fis remarquer que les Japonais vérifiaient très rarement les diplômes étrangers, en partie parce qu'ils n'avaient pas confiance en leur anglais, la langue qu'ils allaient être tenus d'utiliser pour faire une telle demande par écrit. Il y avait là, pensai-je, un plaisant paradoxe.

En Inde, l'un de mes amis eut besoin un jour d'un médicament. Ne voulant pas aller chez le médecin, il essaya de se le procurer dans une pharmacie. Le pharmacien refusa de lui vendre le médicament et exigea une ordonnance. Mon ami dénicha au coin de la rue une boutique qui vendait des tampons encreurs et commanda un tampon à son nom indiquant qu'il était médecin. Il rapporta le tampon à la pharmacie, se fit remettre une feuille de papier, la tamponna, inscrivit le nom du médicament qu'il désirait et signa l'ordonnance. Le pharmacien, nullement troublé que le patient se fût changé en médecin, se fit un plaisir de le servir maintenant qu'il avait obtenu une ordonnance.

Il est régulièrement question de professionnels de toutes sortes finalement démasqués parce qu'ils ne possédaient pas les diplômes dont ils s'étaient prévalus pour obtenir leur poste ; ce fut le cas d'un « chirurgien » qui travailla parfaitement bien pendant six ans dans un hôpital avant que la supercherie ne fût découverte. Aucun des patients qu'il avait opérés n'était décédé. Il avait beau être un autodidacte, ses méthodes étaient orthodoxes. Aucun de ses collègues diplômés n'aurait pu dire qu'il était un « imposteur ».

Prenons le cas d'un tableau qui a attiré une foule d'admirateurs et qui ne retient plus l'attention de qui que ce soit à partir du moment où il est prouvé qu'il s'agit d'un faux. Je me pose la question : si le tableau est resté le même, qu'est-ce qui a bien pu changer ?

17

« Devine…, me dit Derek Davis, un directeur de service de la station que nous avions surnommé Deputy Dawg car il parlait d'une voix traînante comme le chien du dessin animé.
– Quoi ? demandai-je en songeant que mes chances de faire un saut jusqu'au coin pour boire un café correct diminuaient au même rythme que les minutes qui me séparaient de l'heure à laquelle je commençais à travailler.
– John Prescott, tu connais, le vice-Premier ministre…
– Oui, je sais qui est John Prescott et quel poste il occupe au gouvernement.
– Il va passer par Oxford Circus ce matin et descendre sur ton quai. »

J'étais très excité mais comme tout le monde paraissait

survolté à l'idée de devoir s'occuper d'un VIP, je feignis l'indifférence.
« A quelle heure arrive-t-il ?
– A huit heures cinquante, à peu près, dit Deputy Dawg.
– Parfait, improvisai-je. Cela me laisse le temps de boire une tasse de café et de manger un morceau. Il faut que je sois en pleine forme pour la visite du vice-Premier ministre. »

Je sortis à reculons du centre d'opérations et me dépêchai d'obtenir mon petit-déjeuner avant que quiconque m'ordonne de rester à mon poste.

Tout fier de moi, je me rendis dans le mess du personnel pour y manger mon sandwich. Le café, je le bus dans le centre d'opérations, sans crainte d'être rappelé à l'ordre par un supérieur uniquement occupé à me donner des consignes au sujet de la visite du VIP.

Il fallait que je m'assure qu'au même titre que moi les deux autres membres de l'équipe présente sur les quais de la Central Line avaient des micros raccordés afin que nous puissions impressionner la délégation grâce à des annonces claires. Prescott devait se soucier comme d'une guigne des annonces du métro mais il allait voyager en compagnie de l'exécrable directeur général de la station, lequel avait le pouvoir de déclencher la colère de mes supérieurs, il s'agissait donc d'une alerte de niveau 1 !

Ayant retrouvé mon calme grâce au café, je demandai un gilet de signalisation propre ; le mien était crasseux en permanence car je refusais de le laver, son état me rappelant que, dans les tunnels du métro, l'air est quasiment irrespirable. Quand ce gilet serait entièrement noir, le moment serait venu de partir et de rechercher la lumière et l'air frais du monde d'en haut. Je frottai rapidement mes boots avec du papier hygiénique, resserrai mon épouvantable cravate amovible en polyester et vérifiai dans le petit miroir placé au-dessus du lavabo que ma chemise non réglementaire et non repassée était en grande partie cachée par le gilet.

C'était la première fois que je me faisais beau mais il fallait en passer par là. Je descendis vers le quai 6, conseillant au passage à deux musiciens de rue de filer afin d'éviter les policiers du dispositif de sécurité qui n'allaient pas manquer de nous tomber dessus avant l'arrivée de Prescott.

Ils firent leur apparition une demi-heure plus tard : un gros sergent de la police des transports britanniques et une femme agent de police, blonde, ravissante et trimbalant sur sa hanche bien galbée une énorme matraque. Ils me saluèrent avant de tourner le coin. Peut-être allaient-ils dégager la voie, vérifier qu'il n'y avait ni assassins ni peaux de banane.

Sur le quai 6 régnait une étrange frénésie. Trois employés du service nettoyage, c'est-à-dire la totalité du contingent de la station de service ce matin-là, s'activaient à nettoyer le quai déjà propre. M. James, leur surveillant, un Noir replet et jovial originaire d'Afrique occidentale, armé lui aussi d'un chiffon, dépoussiérait, semblait-il, la paroi située en face de l'endroit où le wagon de Jonh Prescott était censé s'arrêter. Une amie égyptienne à laquelle je racontai l'épisode me fit remarquer : « C'est comme chez soi ! »

Quand la rame de Prescott arriva, tout était prêt. Ou disons pratiquement tout, puisque la moitié du dispositif de sécurité – le sergent métropolitain – quitta le coin où il était posté et s'approcha de moi pour me demander si le vice-Premier ministre voyagerait dans la cabine du conducteur. Je lui répondis qu'il était déjà là et lui montrai le groupe en costume-cravate qui avançait lentement sur le quai. « Oh là là ! », dit le flic bien dressé en regagnant rapidement son poste.

J'utilisai le haut-parleur pour faire une annonce dans un anglais châtié, digne de la BBC. Cela devait sembler incongru, je m'en rendis compte, que d'entendre résonner les voyelles allongées de la prononciation standard sur le quai du métro de Londres habitué à un parler plus familier, mais c'était ma voix.

Le groupe poursuivait sa route sinueuse afin de gagner l'endroit où il fallait tourner pour rejoindre la Central Line. Prescott marchait en tête, le directeur général de la station obséquieusement penché sur son coude. Lorsque Prescott parvint à ma hauteur, il évita délibérément de croiser mon regard, tournant les yeux ailleurs, et ignora mon inclinaison de la tête accompagnée d'un sourire, en guise de salut, un comportement complètement ridicule bien que je fusse en uniforme. Prescott était un nabot et avait une tête de crapaud. Les larges poches sous ses yeux communiquaient à tous ses gestes une sorte de lassitude et me rappelèrent le comique Les Dawson. Mais la ressemblance n'était pas convaincante : personne ne riait.

18

Nous avons tendance à adopter un étrange comportement vis-à-vis des gens célèbres. Pour quelle raison ? En recherchant les bonnes grâces de personnes bien placées pour intercéder en notre faveur et nous permettre de faire ou d'obtenir ce que nous voulons, songeons-nous aux bénéfices éventuels que nous allons en tirer ? Pensons-nous que la renommée va de pair avec la valeur de celui qui en est auréolé ? Le XXe siècle a produit une catégorie sociale jusque-là inconnue : ceux que leur célébrité rend célèbres. Ils ne possèdent pas d'aptitudes précises. Ils sont incapables de danser ou de nous faire rire. Ce ne sont pas des athlètes qui nous donneraient envie de les imiter, ils ne sont pas spécialement intelligents ou sages. Ils peuvent éventuellement être beaux ou en bonne santé – mais ces attributs ne réussissent pas à expliquer leur renommée puisque d'autres individus beaux et en bonne santé sont inconnus.

19

Mike Murphy, un surveillant irlandais, avec des cheveux roux précocement clairsemés et un sens de l'humour très pince-sans-rire, a finalement réussi à intercepter un homme nu qui effectuait au pas de course des circuits autour de l'Arène. Cramponné au bras de l'homme, il attend que l'un de ses collègues rapporte un vêtement oublié par un voyageur, suspendu, il le sait, dans la salle des surveillants. Il s'agit d'un haut de survêtement vert jaune doublé de laine, portant une étiquette « objets trouvés ». Mike le tend à l'homme afin qu'il puisse couvrir ses parties intimes. Ce dernier ne comprend pas, il glisse ses bras dans les manches du survêtement et l'enfile ; maintenant, il n'est plus nu qu'à partir de la taille. On l'escorte jusqu'à la salle de police où il va attendre l'arrivée du service d'ordre des chemins de fer britanniques en compagnie de Mike, rendu nerveux par cette nouvelle expérience, pour le moins gênante. « Pourquoi avez-vous retiré vos vêtements ? », demande-t-il afin de meubler le silence qui menace de s'installer dans la petite pièce. « Jésus me l'avait ordonné. »

20

Chaque matin, un homme frappé d'un type de nanisme nommé achondroplasie, vêtu d'un costume rayé et portant un attaché-case de taille normale, arrive sur le quai 6 et passe devant moi. Je me pose des questions sur son complet élégant, taillé dans un tissu de qualité et bien fini. A-t-il coûté moins cher qu'un costume sur mesure de taille normale parce qu'il nécessite moins de tissu ; ou plus cher au contraire parce que les petits patrons exigent une coupe spéciale et des finitions particulièrement soignées ? Existe-t-il un magasin spécialisé dans les vêtements pour nains, l'équivalent de High & Mighty, spécialiste des grandes tailles ? Après plusieurs jours passés à échanger salutations et sourires, je lui pose la question. Ses vêtements sont réalisés par une amie qui fait des études de styliste. Plus tard, il me dit qu'ils vont se marier. Cherchant une solution au problème que posait sa garde-robe, il a trouvé une femme. Elle est normale, me confie-t-il, et ils espèrent que leurs enfants le seront aussi.

21

En voyant que de la fumée s'échappe des rails qui longent mon quai, je déclenche l'alarme. C'est un véritable plaisir que de pulvériser de la mousse blanche sur les rails mais même si la situation justifie pleinement l'usage d'un extincteur, on a tout de même l'impression de braver un interdit (un soldat éprouve-t-il le même sentiment quand il abat quelqu'un parce qu'on lui en a donné l'ordre ?). Une rame a été immobilisée à mi-quai pour servir de protection et Barry Glower est suspendu à l'avant du train dans une position acrobatique afin de pulvériser de la neige carbonique sous un nouvel angle. Après le départ de la rame, nous vérifions les voies à l'aide d'un thermographe. Sur l'écran de ce gadget, la chaleur apparaît sous la forme d'une luminosité et nous avons confirmation qu'il n'y a plus aucune chaleur résiduelle au niveau des rails. La tradition veut que ce produit de la technologie puisse être testé sur n'importe quelle femme se trouvant sur le quai. La luminosité indicatrice de chaleur apparaît au niveau de la tête et – c'est là l'intérêt de l'exercice – de l'entrejambe. Je profite de cet incident pour vérifier l'efficacité du thermographe sur une femme qui fulmine contre les retards. Contrairement à mon attente, son exaltation ne dégage aucune chaleur au niveau de la tête et en outre elle ne présente pratiquement aucun signe de vie tels ces morts-vivants qui n'ont pas de reflet dans un miroir.

22

L'un de mes collègues, un agent de station travaillant essentiellement à Hollborn, notre station jumelle, s'appelle John Major, aussi invraisemblable cela soit-il. Nous ne nous sommes rencontrés qu'une fois ou deux quand j'apprends qu'il a réussi à prendre sa retraite pour raisons médicales. A la cantine, on parle non sans envie de la somme d'argent versée en compensation de son accident, comme s'il s'agissait d'un exploit capable de faire des émules. En réalité, son casier lui est tombé dessus d'une manière inexplicable, provoquant des blessures de nature non précisée. Cet événement fait maintenant partie de la tradition orale d'Oxford Circus en tant que chute du cabinet de John Major.

23

« Aucun esprit ne se soucie beaucoup du présent ; les souvenirs et l'anticipation occupent la majeure partie de notre temps. »
Samuel Johnson

« Cela fait bien plus qu'une minute. C'est marqué que le prochain train est attendu dans une minute. Il y a bien plus qu'une minute que c'est affiché et il n'est toujours pas là. Le train. Combien ça dure une minute ? » L'homme trapu que j'avais observé alors qu'il comparait le panneau d'affichage matriciel et la trotteuse de sa Swatch me posa la question d'une voix hostile et harassée. « Ce n'est pas une minute absolue, expliquai-je. Cela dépend d'autres événements et devient inexact si un train en marche s'arrête, par exemple, et repart avant que ce retard soit pris en compte par le système. » Il me regarda comme si j'étais fou ou trop stupide pour comprendre qu'une minute reste une minute quoi qu'on dise.

24

Le temps. Le temps n'attend personne. Il vole. Plus on attend une chose, plus elle se fait attendre. Il existe une infinité d'expressions proverbiales et de dictons sur la nature subjective du temps. Mais le problème avec les proverbes, c'est qu'une fois établis, on peut les oublier si bien que dans certains cas la signification de leur message s'efface.

Le temps est une notion subjective, quelle que soit la précision de la montre que vous portez au poignet. Deux minutes dans un bain bouillant vous convaincront, si vous en faites l'expérience, qu'elles durent subjectivement plus longtemps qu'une heure passée dans un parc à boire du vin blanc bien frais en compagnie d'un être aimé sur fond de bruits estivaux. Mais il est rare que de telles expériences soient concomitantes et permettent à notre esprit d'accéder à cette compréhension.

25

« Quiconque donne un conseil à l'insouciant a lui-même besoin d'être conseillé. »

Saadi

J'essayai de convaincre mon collègue et ami Phil Morton que mieux vaut travailler que de tirer au flanc ; qu'en échappant aux tâches, la journée devenait une corvée. Il n'était pas d'accord et me révéla que le plus sûr moyen d'écourter un travail assommant consistait à modifier son état de conscience. L'idéal, me dit-il, c'était de trouver un endroit où dormir en toute sécurité.

Il avait découvert un placard que l'on pouvait ouvrir et fermer de l'intérieur. Ce dernier renfermait une petite estrade en bois qui permettait d'avoir une vue plongeante sur le personnel en train de s'affairer sur le quai, mais était très rarement utilisée. Il pouvait s'y asseoir confortablement. Il fallait éteindre la lumière à l'intérieur du placard car elle risquait d'être visible à travers l'interstice du cadre et de la porte et couper également la radio afin que les bips révélateurs ne puissent pas être localisés par un surveillant passant à proximité. Aux yeux de Phil, une journée réussie revenait à dormir dans le noir, sans radio, à l'intérieur d'un placard creusé dans un tunnel, trente mètres en dessous d'une rue de Londres, tout en étant payé pour ce faire.

26

Nous sommes vivants et en bonne santé, asservis néanmoins et ignorant tout de notre condition. Posséder la capacité de saisir la justesse de cette assertion constitue l'espoir de l'humanité. Néanmoins, « saisir la justesse de cette assertion » ne signifie pas adhérer à cet énoncé ou être convaincu de sa pertinence. Cela renvoie plutôt à des expériences vécues qui « revivifient » les capacités perceptives si bien qu'en se référant à de telles perceptions, on atteint une connaissance directe de la vérité.

La métaphore de la prison éclaire très bien notre situation mais contrairement à une geôle réelle, dans notre prison, les barreaux, les cellules et les gardiens sont travestis. Les murs de notre cellule nous semblent inévitables ou ayant une fonction nécessaire. Les barreaux nous protègent ; les gardiens garantissent notre sécurité. Nous souffrons d'une psychose carcérale, toutes nos pensées doivent être reliées d'une manière ou d'une autre à une vision du monde carcérale. Cela recouvre des idées telles que celle-ci : rien n'existe au-delà des murs de la prison, mieux vaut donc s'adapter à cette situation et s'en accommoder. Que nos activités et nos plaisirs soient soumis à des règles carcérales – et en conséquence grandement diminués – ne nous vient pas à l'esprit.

Nous avons élaboré un langage carcéral qui rend quasiment impossible une description exacte de la vie hors de la prison. Les prisonniers qui tentent d'aborder la question de l'évasion le font souvent de telle façon que cette dernière devient impossible ; comme si un groupe de prisonniers adressait une pétition à l'administration pénitentiaire pour que soient approuvés les plans d'une évasion, dans le but de déterminer si une tentative de ce genre est ou non valable.

Une évasion nécessite une préparation au cours de laquelle doit se faire jour l'idée que la réalité carcérale est une distorsion et ne peut en aucun cas constituer un mode de vie dans le monde extérieur. L'une des conditions exigées pour une telle préparation consiste à attendre que soient réunis dans le même bloc et au moment opportun un groupe de détenus adaptés à cette entreprise.

27

Combien de fois m'a-t-on dit : « Je n'arrive pas à trouver la sortie. Pourquoi n'y a-t-il pas de panneau ? » Il y avait sur mon quai ou à proximité dix-huit panneaux indiquant la sortie mais ils auraient pu tout aussi bien être invisibles. Ce que les gens demandaient, c'était d'être guidés vers la sortie par quelqu'un qui connaissait le chemin. Et que l'on apaise leur inquiétude en les assurant qu'il était en effet impossible de sortir sans aide.

28

Il ne restait que huit jours pour faire ses achats avant Noël mais le jeune Noir pauvrement vêtu qui empruntait l'escalier roulant menant au quai de la Bakerloo Line direction nord l'ignorait ou s'en moquait. Il couchait sur la dure et avait d'autres priorités que le shopping. Noël n'était plus qu'un souvenir d'enfance. La tête lui tournait. Il ne savait combien de temps il pourrait encore tenir le coup. Le froid avait augmenté depuis quelques jours et il ne sentait plus ses doigts de pieds. Il n'était pas conscient de sa propre odeur mais, au même titre que le mouvement des branches et des feuilles trahit la présence du vent, il savait qu'il sentait mauvais à cause du détour que faisaient les gens en arrivant à sa hauteur. Il marmonnait régulièrement : « Ne réfléchis pas, ne réfléchis pas », se répétant sans cesse cette phrase.

A onze heures du soir, il se retrouva debout sur le quai, un peu chancelant au milieu de la foule des Londoniens qui rentraient chez eux, enjoués pour la plupart, éméchés et parlant trop fort ; aucun d'eux ne remarqua à quel point cette exubérance déprimait encore plus l'homme solitaire et abattu. A quel point elle soulignait son exclusion, comme si des gens riaient dans la pièce à côté. Une pièce où il ne pouvait entrer. Levant les yeux, il regarda une affiche. Une belle fille qui vendait quelque chose pour 19,99 £. Ce pourrait tout aussi bien être 1,99 £, se dit-il – et depuis quand une belle fille l'avait-elle considéré comme autre chose qu'un objet devant lequel on passe sans s'arrêter. La tête lui tournait de plus en plus et pour une raison inconnue, les battements de son cœur s'étaient accélérés. Une pensée chassait l'autre, comme ces détritus qui virevoltent devant un porche vide. Débrouille-toi pour qu'elles continuent à virevolter, ne laisse pas les pensées t'envahir… ne réfléchis pas, ne réfléchis pas…

Il prit soudain conscience d'un bruit impressionnant mais familier ; la rame arrivait. Il s'avança en titubant comme s'il voulait monter dans le métro. Ne réfléchis pas, fais-le, comme dit la publicité pour les Nike. Il sourit. La rame n'était pas encore à quai, elle commençait tout juste à entrer dans la station quand le jeune homme sauta directement devant les feux du wagon de tête. Son corps brusquement illuminé vola droit devant le regard horrifié du conducteur qui freinait de toutes ses forces par pur réflexe ; ou si l'on préfère tomba de biais par rapport à la position de la femme qui criait sur le quai. Personne n'entendit le bruit de l'impact, comme si les voyageurs se retrouvaient devant une télévision dont on aurait coupé le son. Le corps ne fut plus visible quand la rame s'immobilisa soudain alors que trois wagons et demi seulement étaient à quai. Quelqu'un actionna le bouton bleu de l'alarme, à côté de l'endroit où le corps avait disparu sous le train (pour tous ceux qui, se trouvant suffisamment près, avaient assisté à la scène, il était devenu « le corps »). Deux agents de station, patrouillant ensemble pour le plaisir de la compagnie et de la conversation, s'approchèrent sans se presser, curieux de savoir ce qui avait pu arrêter la rame ; ils ignoraient ce qui venait de se passer et prenaient leur temps, comme ils le faisaient chaque soir quand tout était normal.

Au même instant ou presque, le poste de commande et de surveillance, ainsi que les surveillants, furent avertis qu'il y avait quelqu'un là-dessous, ce que l'on appelle à New York : une pizza à l'écrabouillé. On effectua tous les appels nécessaires : la police, le service des urgences et la hiérarchie du métro furent prévenus. Il y avait du drame dans l'air, c'était une question de vie ou de mort, bien plus importante que les non-événements de la vie ordinaire – rames en retard, tickets perdus, portefeuilles de touristes adroitement subtilisés – et malgré tout les voyageurs continuaient à affluer sur le quai, ignorant que le train était arrêté à cause du corps couché sous la voiture de tête. « Allez, mon vieux, démarre ! J'ai envie de rentrer chez moi ce soir ! Pas demain matin », criait un obèse portant un bandeau de rugbyman en laine qui le faisait ressembler à un arriéré mental ou à un paysan flamand tout droit sorti d'un tableau de Bruegel représentant l'enfer. Un autre voyageur tapait sur la vitre de la cabine du conducteur. Ce dernier n'entendait rien, se balançait lentement d'avant en arrière et refusait de sortir pour parler à qui que ce soit. Il était sous le choc et n'en savait pas suffisamment pour déterminer qui était « en tort ». Il ignorait même si le corps couché sous ses roues était mort. Certains candidats au suicide ne mouraient pas et l'un d'eux par exemple, après avoir perdu bras et jambes, survécut et mena une vie qui n'en valait peut-être plus la peine. Sur le quai, chaque voyageur, frappé par l'intensité des soupirs et des cris, prit soudain conscience que quelqu'un était décédé et tout le monde se tut. Ceux qui étaient au courant imposèrent le silence aux nouveaux arrivants. Le sérieux de la mort se faisait maintenant sentir.

Deux surveillants, Harish Choudhury et le vieux Tom, prirent la situation en main. Le vieux Tom se dirigea vers l'extrémité opposée du quai, refusant de s'approcher de la voiture de tête et du corps sous prétexte qu'il devait s'occuper de sa radio. Harish, visiblement bouleversé et craignant des semaines de cauchemars provoqués par un cadavre décapité ou mutilé, jeta un coup d'œil au corps à travers l'écran de ses mains posées sur son visage. Mais le corps était intact et ressemblait à celui d'un dormeur. Quand les auxiliaires médicaux eurent confirmé que l'homme était mort, l'un de ceux qui accompagnait la housse mortuaire et son contenu vers la surface plaisanta le vieux Tom sur le corps encore chaud. « Tu peux regarder, dit-il en ouvrant la fermeture éclair de la housse de quelques centimètres, et même toucher. »

29

« A quoi rime cette vie si, malgré tous nos soins,
Nous n'avons pas le temps de nous attarder
à la contempler ? »

W.H. Davies

Le lendemain matin, sur le quai voisin, on me montra l'endroit exact où le jeune homme était mort moins de douze heures plus tôt. Je crus apercevoir une trace de sang mais il ne s'agissait que d'un emballage rouge de KitKat jeté sur le ballast. Je ressentis le besoin de revenir plusieurs fois sur les lieux au cours de la matinée, comme si je cherchais sans la trouver la raison qui pouvait pousser quelqu'un à mourir dans un endroit aussi triste.

Le jour suivant, je mentionnai l'incident devant un conducteur de la Bakerloo Line. Il me dit qu'il connaissait le conducteur de la rame impliquée et qu'on lui avait accordé un congé exceptionnel. « Quelle chance il a, ce salaud ! dit-il, partant du fait que nous étions tous pareils, que nous désirions tous être payés à ne rien faire. J'aurais bien aimé être à sa place. » Je ne le crus pas.

30

En 1960, l'éditeur Peter Llewelyn Davies, dont les frères avaient inspiré le personnage de Peter Pan à Barrie, sauta devant un train à Sloane Square. Les journaux titrèrent : « Le dernier vol de Peter Pan », « Le garçon qui ne pouvait pas grandir est mort ». Il y a en moyenne deux tentatives de suicide par semaine et il existe une escouade spéciale pour tout nettoyer et permettre la remise en marche du système la plus rapide possible. Les petits garçons posaient toujours la même question : risquaient-ils de mourir s'ils touchaient les rails ? Je leur répondais qu'ils allaient rôtir comme une cuisse de poulet grillée.

31

En général, entre neuf heures trente et dix heures du matin, je ne tenais plus en place et rêvais de quitter le quai 6 pour changer de décor. Alors que j'étais systématiquement de service sur mon quai pendant les heures de pointe, la plupart de mes collègues ne travaillaient que quatre jours d'affilée durant ces mêmes heures ; ils faisaient une pause café ou cigarette à neuf heures quarante-cinq environ, demandant parfois par radio une RRP (relève pour raisons personnelles) ou tentant leur chance sans rien demander dans l'espoir qu'aucun supérieur ne les prendrait sur le fait.

Je préférais monter au niveau supérieur vers dix heures dix, dix heures quinze, consacrer cinq minutes au nettoyage de mes mains et de mes narines encrassées, puis boire une tasse de thé à la cantine, assis pour soulager pendant quelques minutes mes pieds, avant de rejoindre les escaliers roulants vers dix heures et demie.

A Oxford Circus, le hall des billets, ou l'Arène si l'on préfère, est utilisé pour pénétrer et sortir de la station durant les heures de pointe, mais à partir de dix heures trente du matin, ce hall n'est plus utilisé que comme accès au quai. La mise en place de ce système s'appelle la rotation. Un certain nombre d'escalators montants étant inversés dans le sens de la descente, la Victoria Line et la Bakerloo Line ne proposaient plus qu'une sortie au lieu de deux ; les sorties de la Circle Line restaient inchangées et menaient toujours à Argyle Street.

32

En quittant le quai 6, je descendais les marches, empruntais le parcours signalisé de la Central Line, passais devant le mur des lamentations, le long duquel l'eau suinte nuit et jour durant toute l'année, puis m'engageais dans un long couloir. Les musiciens ambulants aimaient à s'installer au milieu de ce couloir et moi, je m'y rendais parfois pour écouter de la musique, et dans certains cas, y prendre plaisir.

En général, les qualités musicales requises pour réussir en tant que musicien des rues ne volaient pas très haut. La plupart d'entre eux interprétaient durant vingt ou trente secondes un extrait de morceau facilement reconnaissable, qu'ils répétaient ensuite à l'envi. *Street of London*. *Wonderwall*. Tous les morceaux de Bob Marley. Ou alors, quand il s'agissait de musique classique, un extrait d'une suite ou d'un concerto, comme ceux que diffuse chaque jour Radio Classique, mais contrairement à cette station, le morceau n'était jamais joué en entier. De temps en temps, il m'arrivait d'être heureusement surpris. Une fois, par exemple, un flûtiste noir, originaire du Mali, interprétait *Martin menoit son porceau*, une chanson paillarde du XVIe siècle de Claudin de Sermisy, racontant la passion contre nature d'un paysan pour son cochon, ce qui paraissait un choix bizarre pour un musulman. Une autre fois, un étudiant chinois de grande taille chantait sans accompagnement un poème lyrique datant de la dynastie Song. Ce poème écrit dans un mélodieux mandarin classique avait été traduit en anglais sur les copies du CD qu'il interprétait et avait placées contre le mur. J'en pris une et lus :

En haut des vertes demeures
la pénombre des rideaux tirées
n'empêchera pas la mélancolie d'entrer,
même humeur que l'an passé
à la même date.

Au coin du couloir, j'aperçus l'ami chinois du chanteur, étudiant lui aussi, vue son allure. Assis sur le sol, il était plongé dans un livre, ses lunettes à verres épais posées sur le bout du nez, son visage lisse exprimant une intense concentration. Curieux de savoir ce qu'il lisait avec tant d'attention, je me plaçai de façon à pouvoir jeter un coup d'œil à la couverture du livre, et au bout de quelques secondes pendant lesquelles, les yeux toujours baissés, il ne remarqua pas ma présence, il bougea afin de trouver une position plus confortable, et mon attente fut récompensée : il lisait *A twist in the Tale*, de Jeffrey Archer.

33

Officiellement, la musique de rue était strictement interdite dans l'enceinte du métro. Les musiciens ambulants le savaient mais passaient outre, s'installant souvent sous des panneaux spécifiant qu'ils risquaient 100 £ d'amende. Dans la pratique, l'approche était beaucoup moins stricte. L'emplacement occupé par des musiciens ambulants devait être signalé par une affichette placée à hauteur des yeux, portant une date, des heures et des initiales tracées par des dizaines de mains. Il s'agissait, bien entendu, d'un roulement. Bien que parfois quelqu'un de nouveau ou de désespéré trichât et inscrivît de fausses indications afin de pouvoir réclamer un temps d'occupation déjà réservé, il n'y avait pas de racket organisé. Je me suis d'ailleurs demandé pourquoi rien de tel n'existait dans le métro de Londres.

On s'imagine que les musiciens ambulants sont des esprits libres, des individualistes, mais d'après ce que j'ai pu observer, ils sont attachés à leurs habitudes comme nous tous. Une fois qu'ils ont trouvé un emplacement qui rapporte, ils s'y réinstallent tous les jours comme s'ils allaient au bureau. A Oxford Circus, les habitués qui s'asseyaient dans les couloirs des correspondances pour lire ou écouter de la musique sur leur walkman en attendant l'heure du déjeuner et un accroissement de la clientèle, avec leur guitare et leur ampli, ou parfois un instrument plus embarrassant encore telle une contrebasse dans son étui, étaient tout juste tolérés.

J'essayai de déterminer s'il y avait un comparse, comme dans le cas des marchands ambulants, quelqu'un qui serait passé et repassé en jetant des pièces dans l'étui ouvert de la guitare et que j'aurais vu monter et descendre les escaliers roulants. Montrer l'exemple est le moyen le plus efficace d'amorcer la pompe de la générosité – il donne, je donne, elle donne, nous donnons tous – mais je n'ai jamais rien vu de tel. Les musiciens de rue n'ont sans doute pas encore atteint le degré de sophistication des démarcheurs de parfums de grandes marques, très dilués mais présentés dans leur emballage d'origine, qui rôdent à la surface pour vendre leurs contrefaçons.

34

Sur le quai de la Central Line, direction ouest, il y avait plus de voyageurs que d'habitude alors que l'heure de pointe du matin était déjà un peu passée. Je levai les yeux vers le tableau d'affichage matriciel avant de me souvenir qu'il ne fonctionnait pas et découvris qu'il tentait de faire oublier son incapacité en affichant des mises en garde répétées au sujet des pickpockets qui sévissaient dans la station. Je jetai un coup d'œil dans le tunnel qui conduisait à Tottenham Court Road mais il n'y avait pas de train ; quand une rame arrive, on aperçoit le reflet des feux avant sur les rails bien avant de voir les feux eux-mêmes. Aucune lumière n'était visible, en revanche je remarquai que quelque chose se déplaçait à l'intérieur du tunnel.

Dépassant la foule des voyageurs aux yeux perdus dans le vague, je me dirigeai vers l'extrémité du quai en me tenant le plus loin possible de la paroi afin de mieux voir ce qui se passait. La chose en déplacement se transforma en une silhouette marchant près de la paroi dans ma direction. Il ou elle ne portait pas de veste rétroréfléchissante et ne transportait pas de lampe ou quoi que ce soit indiquant son appartenance au personnel du métro. L'homme – car il était clair maintenant que c'en était un – marchait plutôt rapidement et une ou deux minutes plus tard, il se hissa sur le quai d'un seul bond. Je n'avais pas cessé de chercher nerveusement des yeux les signes annonçant l'arrivée d'une rame, même si je savais que le contrôleur de la ligne, étant averti, avait interrompu le trafic.

L'homme était jeune, il devait avoir une vingtaine d'années, et portait une sorte de survêtement dont il avait rabattu la capuche sur sa tête. La veste portait un logo Nike sur le devant. Je m'approchai de lui et lui demandai : « Que diable faites-vous ? » Il me regarda en clignant étrangement des yeux et me répondit en cherchant ses mots qu'il était pressé, avait demandé à un homme habillé comme moi quand le prochain train allait arriver et s'était entendu répondre qu'il irait sans doute plus vite en marchant. Et c'est ce qu'il avait fait. Il avait une élocution lente et articulait mal mais ce n'était pas dû à la boisson, plutôt à la défonce. Il me rappelait le Lennie de Steinbeck, dans *Les Raisins de la colère*. Satisfait des explications qu'il venait de me donner, il se mit en marche, me dépassa et se dirigea vers la sortie. « Ne vous gênez pas ! N'hésitez pas à le faire ! », disait le slogan inscrit sur son large dos. Je le laissai partir sans suivre cette invite. Il n'y avait rien à ajouter, semblait-il.

35

Bien que la suie formât une croûte dans mes narines après que j'eus respiré normalement pendant quelques minutes dans les tunnels, je n'avais remarqué aucune diminution de mon odorat. J'avais du respect pour ce sens depuis que j'avais reçu un coup sur la tête au Japon, ce qui avait eu pour effet secondaire d'accroître énormément mes capacités olfactives. A ma grande surprise, j'étais devenu capable de détecter dans une pièce où je venais d'entrer la présence récente d'un ami en me référant aux légers effluves de son shampooing favori, que personne d'autre n'avait discernés. Je pouvais également prévoir grâce à mon odorat les changements de temps, la venue de la pluie ou de la neige, tel un berger ou un marin.

Considérant cette faculté comme acquise, je me mis à renifler comme un limier, persuadé que j'étais capable de suivre une piste. Par hasard sans doute, ce sens accru reprit des proportions plus normales au bout de quelques mois, mettant fin du même coup à ma nouvelle carrière de prophète météorologique. Mais cet épisode m'avait rendu plus conscient et je pense avoir conservé un sens de l'odorat plus développé que la moyenne. J'en suis venu à évaluer activement les odeurs, parfums et arômes et à en explorer les subtilités ; cherchant des indices qui échappent aux autres sens, ceux auxquels nos contemporains se réfèrent abusivement. Nous sommes capables de percevoir l'odeur d'une chose invisible ou inaudible. Et même de sentir quelque chose qui échappe au registre de l'odorat ; j'en viens d'ailleurs à penser que je pourrais flairer, littéralement parlant, un mensonge.

36

Il n'était pas loin de minuit dans ce train qui me ramenait à Nakamurabashi et étant fatigué, je pensais à mon *futon* que je n'allais pas tarder à dérouler avant de me glisser dans sa chaleur accueillante. N'ayant pas de rendez-vous le lendemain matin de bonne heure, j'allais en profiter pour faire la grasse matinée. Il y avait moins de voyageurs que d'habitude à cette même heure. Ce n'était pas le dernier train mais on approchait de l'heure de fermeture.

Une collégienne était assise en biais par rapport à moi. Elle portait son uniforme bleu marine. Quand le train s'arrêta, un salarié pénétra dans le wagon en titubant, juste avant la fermeture des portes. Sa cravate était défaite, son visage rouge et brillant, comme celui de certains Japonais en état d'ébriété.

Alors que d'autres sièges libres lui auraient permis de prendre ses aises, il s'installa à côté de la collégienne. Il se mit aussitôt à osciller de gauche à droite comme la plupart des autres passagers endormis. Mais il ne dormait pas ; il cherchait un moyen plausible d'agresser sa voisine. Glissant vers l'avant, il se redressa soudain, puis comme dans un film au ralenti, retomba lentement sur le côté jusqu'à ce que sa tête vienne se poser sur les genoux couverts d'une jupe bleu marine. Je regardai le visage de la collégienne. Le rictus qui le déformait témoignait clairement qu'elle était terrifiée. Telle une hermine prise dans la lumière des phares d'un véhicule, elle ne savait comment s'échapper.

Je me demandai si elle allait bouger. Je savais qu'elle n'apprécierait pas que j'intervienne. Je lui laisse le temps de réagir, pensai-je, mais s'il se met à la peloter… Tous les sens en éveil, j'avais déjà mentalement calculé comment lui bloquer le bras pour qu'il se tienne tranquille et renonce à se battre ; je me rappelais que les Japonais nomment *chikan* ce type de pervers opérant dans les trains. Alors que je l'observais, l'oreille aux aguets, je l'entendis distinctement renifler. Non pas le reniflement d'un employé de bureau atteint d'un rhume mais l'inspiration profonde d'un coureur dont le nez se retrouve miraculeusement à quelques centimètres des parties intimes d'une collégienne.

Cela suffit pour mettre fin à la paralysie de la jeune fille. Elle glissa sur le côté et profitant du ralentissement du train pivota sur ses pieds à 180 degrés. Elle se déplaça dans le wagon et s'installa à une autre place. Le *chikan*-renifleur demeura où il était tombé, faisant semblant de dormir.

37

Le pire moment pour que tout aille de travers se situait pendant l'heure de pointe, laquelle durait en réalité de huit heures trente à dix heures quinze chaque matin.

L'accès signalisé à la Central Line longeait le mur des lamentations. Cette partie du couloir était en permanence sujette à de faibles infiltrations d'eau. Des ingénieurs avaient tenté de résoudre le problème en utilisant des matériaux de colmatage isolants mais n'avaient obtenu que de médiocres résultats. Les pompes – Oxford Circus, comme toutes stations souterraines, était munie d'un système de pompage fonctionnant jour et nuit – avaient parfois des avaries et dans ce cas, le mur des lamentations était inconsolable et pleurait toutes les larmes de son corps.

Dans ce même couloir, de l'eau s'échappait maintenant d'un plafonnier si bien que quiconque levant les yeux au mauvais moment et baillant risquait de recevoir une goutte d'eau chargée de saletés de nature indéterminée, ce qui pouvait avoir des conséquences éventuellement graves sur la santé. Après bien des hésitations, nous avions décidé de fermer cette voie d'accès à la Central Line.

38

Je me retrouvais là en compagnie d'un collègue et nous avions inscrit sur un tableau blanc des explications destinées à ceux qui préféraient être informés sans passer par un contact humain. Dans ce flot d'usagers, de nombreux voyageurs choisissaient toujours le même wagon, traversaient le quai au même endroit, descendaient machinalement les mêmes escaliers et arpentaient les mêmes couloirs. Ils allaient donc être choqués par ce pilotage automatique. Il faudrait qu'ils évaluent une information inattendue et fâcheuse qui risquait, allaient-ils supposer à juste titre dans un premier temps, d'avoir des répercussions négatives sur leur trajet.

39

Pour la majorité d'entre nous, le point de départ mental d'un choc est toujours l'expectative ; une façon de vivre dans le futur immédiat plutôt que dans le présent ; le présupposé injustifié que tout devrait se passer comme on le désire – et quand le contraire se produit, le sentiment d'être bouleversé *à juste titre*. L'expectative dans de tels cas revient à supposer, par exemple, que le trajet effectué pour se rendre au travail se passera sans problème et ressemblera plus ou moins précisément à celui de la veille.

La seconde bizarrerie mentale évidente consiste à émettre un jugement en l'absence d'informations suffisantes. Au moment où vous tournez le coin, vous apercevez un couloir menant à une autre ligne de métro fermé par une barrière devant laquelle stationnent des membres du personnel. Vous en déduisez que la ligne que vous désiriez emprunter, éventuellement l'unique manière directe d'atteindre votre destination, ne fonctionne pas. C'est intolérable alors que je suis déjà en retard ! Votre colère s'exprime aussitôt. Cris. Jurons. Sauts en l'air comme un personnage de bande dessinée, si bien qu'il est facile d'imaginer que de la vapeur vous sort des oreilles. C'est vivre non pas dans le futur ou le présent, mais dans le passé : vous avez peut-être vu précédemment des couloirs ainsi barrés et comme cela signifiait que la circulation avait été stoppée sur la ligne, vous en déduisez qu'il en est de même. Vérifier n'exigerait pas un gros effort mais vous êtes trop furieux pour le faire.

Ou bien vous foncez vers un des membres du personnel et vous crachez votre irritation et votre impression d'avoir été trahi en posant une question quasiment insultante sur ce qui se passe. Cela va de : « Qu'est-ce qui déconne encore ? » – une question dont le sens est évident mais à laquelle on répond à contrecœur quand on a déjà calmement expliqué au cours de la demi-heure précédente à quatre mille personnes comment atteindre la Central Line, en souriant en outre aux mille sept cent cinquante-six premiers voyageurs – à : « Vous osez appeler ça un service ? C'est pas un service ferroviaire, *c'est de la blague* ! »

40

Un homme d'âge moyen apparaît au détour du couloir. En nous apercevant, son visage rougit à une vitesse inquiétante, il grimace, écume de rage et jette sa serviette contre le mur comme s'il n'en avait plus l'usage. Le fermoir s'ouvre et la serviette laisse échapper quelques papiers et une pomme. L'homme répète sans arrêt : « Putain de merde ! », comme s'il s'agissait d'un de ces mantras utilisés dans les sectes californiennes et censés apporter à ceux qui les psalmodient ce qu'ils désirent.

Après une bonne dizaine de jurons de la même eau, il récupère sa serviette, y fourre ses papiers et revient sur ses pas pour gagner le quai 6. Durant cet éclat, nous avons réorienté une vingtaine de personnes mais il ne semble pas avoir entendu nos explications. Il ne nous adresse pas la parole, ne se soucie pas d'apprendre que la Central Line fonctionne et qu'on peut l'atteindre plus rapidement en empruntant une autre voie d'accès. Au moment où il disparaît au coin du couloir en haussant les épaules, je découvre qu'il a oublié de récupérer sa pomme.

41

L'empereur et philosophe stoïcien Marc Aurèle conseillait de commencer la journée en se disant : « Aujourd'hui je vais être confronté à l'ingérence, l'ingratitude, l'insolence, la déloyauté, la mauvaise volonté et l'égoïsme – toutes ces offenses étant liées à l'incapacité de différencier le bien et le mal. Il y a longtemps que je connais pour ma part la nature du bien et sa noblesse, la nature du mal et sa petitesse, je connais également la nature du coupable, mon frère (non pas au sens physique du terme, mais en tant que mon semblable doué comme moi de raison et d'une part de divin) ; en conséquence, aucune de ces attitudes ne peut me blesser, car personne ne peut m'impliquer dans ce qui est avilissant. Il n'est pas possible non plus qu'il provoque ma colère ou que j'aie maille à partir avec lui ; nous sommes en effet destinés, lui et moi, à travailler de concert au même titre que les deux mains d'un homme, ses pieds, ses paupières ou ses mâchoires. Nous mettre mutuellement des bâtons dans les roues est contraire à la loi de la nature – et l'irritation et l'aversion sont-elles autre chose qu'une forme d'obstruction ? »

42

Contrairement à mes collègues, je désire expliquer en détails pourquoi le couloir est barré. Je reconnais néanmoins que ce type d'information doit être donnée sous une forme extrêmement tronquée et à un rythme aussi rapide que celui du flot des voyageurs. Un sec : « En haut des escaliers et à droite » m'aurait laissé, pour ma part, perplexe et je choisis donc quelque chose d'un peu plus long : « Seul le couloir… pour rejoindre la Central Line, suivez les panneaux Sortie jusqu'aux escaliers roulants… ne prenez pas l'escalier, suivez les panneaux Central Line… cette ligne fonctionne, c'est uniquement le couloir… il est inondé… »

Essayez de répéter cela continuellement deux heures durant, avec seulement quelques interruptions afin de répondre à quelqu'un qui vous demande : « Qu'est-ce qui déconne ? » ou « Vous appelez ça un service ferroviaire ? »

43

« Si vous travaillez dans la demeure de A
n'espérez pas être payé par B. »

Saadi

J'avais passé la seconde moitié de la matinée à chasser les bandes de Bohémiens irlandais composées de souillons-plus-bébés qui mendiaient dans les tunnels d'Oxford Circus et de certaines stations avoisinantes. Les obliger à circuler faisait partie des tâches normales, même si parfois cela me déprimait. Je n'avais rien contre la mendicité mais quand celle-ci devenait professionnelle elle présentait un double désavantage : elle cessait d'être légitime et pire encore, elle vaccinait le grand public contre le désir d'accorder un soutien minime à ceux qui étaient réellement seuls et découragés.

Bien entendu, cela posait également la question des enfants utilisés comme appâts afin de provoquer la sympathie des passants naïfs : affamés ou pincés afin de les faire pleurer, ou drogués, ou, dans le meilleur des cas, bourrés de bonbons et de claques pour qu'ils se tiennent tranquilles, ils respiraient quotidiennement pendant des heures l'air pollué du métro chaque fois que leur « mère » avait décidé de mendier. Après cinq ou dix minutes sous terre, si je me mouchais, je retirais de mon nez une substance composée de particules de nature indéterminée et noire de crasse.

Notre façon de chasser ces mendiantes professionnelles avait un côté ridicule. Nous n'avions pas le droit de les toucher, ni de les détenir, ni de les arrêter et dès qu'elles voyaient un membre du personnel approcher, elles sautaient sur leurs pieds et essayaient de se cacher. Du coup, nous les poursuivions. La seule insulte en gaélique que je connaissais – *Pogue Mahoan* ! (Baise mon cul !) – était mon cri de guerre quand je me précipitais derrière la horde sur le point de disparaître tout en coordonnant une manœuvre d'encerclement par l'intermédiaire de ma radio.

Imaginez, si vous le pouvez, une bande de grosses souillons en train de courir à fond de train avec des poussettes pleines de bébés sales et morveux, fuyant dans les couloirs du métro, insultant ses poursuivants, des hommes jeunes pour la plupart tenus de les fourrer dans un train, n'importe lequel, et de les faire quitter la station pour obéir aux ordres, comme les chiens de berger chassent un troupeau indésirable.

44

Un matin, sur le quai 6, une adolescente coiffée d'un foulard, portant plusieurs épaisseurs de longues robes à fleurs et un manteau miteux, comme on s'attend plutôt à en voir dans les rues de Sofia ou de Belgrade, se dirigea vers moi. Elle me tendit un bout de papier. Habituellement, ce genre de papier portait une adresse que son possesseur était incapable de trouver par ses propres moyens. Il arrivait même que des personnes ayant voyagé via l'avion ou le train me montrassent des adresses situées dans d'autres villes ou d'autres pays. Mais cette fois, si adresse il y avait, c'était dans le sens d'une requête. Il était écrit : « Je viens de Roumanie. Je n'ai pas d'argent. Aidez-moi, s'il vous plaît. » Je sortis un stylo plume et écrivis : « Non », puis je lui tendis le papier en souriant. Nous savions tous les deux que la mendicité était pour elle un travail, mais cela ne m'empêchait pas d'être un être humain.

45

Un vieux Noir exténué était affalé contre le mur dans le coin du quai où je me tenais pour faire les annonces. J'évitai de m'approcher de lui car il prenait peur facilement et je voulais qu'il reste là vu qu'il pleuvait dehors. Je voyais bien qu'il était véritablement dans le besoin. Il avait posé son récipient réglementaire en polystyrène près de l'endroit où il était assis, mais il restait silencieux et ne faisait rien pour attirer l'attention sur lui ou sur sa sébile. A mon avis, les pièces que les passants jetaient dans sa sébile étaient sa seule source de revenus. Les Bohémiens et les mendiants professionnels ne lui facilitaient pas la vie, bien au contraire. Je voyais bien qu'ils lui refilaient leur menue monnaie, soucieux de conserver les pièces de plus grande valeur. Chaque fois que c'était possible, je réunissais cette ferraille et la transférais dans la sébile d'un véritable mendiant quand personne ne me regardait.

46

Je chantais une harmonie en trois parties de *A Hard Day's Night* avec deux musiciens des rues suisses installés en bas des escaliers roulants 9 et 10. Notre interprétation, digne des Beatles, nous valut de grands sourires de la part du public. Je songeai soudain que le moment était venu de retourner à mes occupations. A peine avais-je tourné le coin qu'un sergent de la police des transports fondit sur les deux Suisses et leur annonça qu'ils risquaient une arrestation pour avoir chanté et joué de la guitare dans le métro. Après leur départ, le policier me dit de ne pas m'inquiéter, qu'il les avait fait déguerpir. Je leur ai fichu la trouille, dit-il. Je me demandai comment il aurait réagi si survenant une minute plus tôt, il avait été témoin de ma participation. Je pris congé et m'éloignai, complètement démoralisé que la joie soit un sentiment si mal toléré.

47

Notre uniforme comprenait deux paires de Doc Martens noires, à semelles pneumatiques. Sur la boîte, il était inscrit qu'il n'y avait pas au monde de chaussures plus confortables. Comme j'avais déjà porté pendant longtemps des Doc Martens marron de seconde main, je savais que c'était des chaussures formidables. Celles fournies par nos employeurs étaient-elles légèrement différentes ? Elles ressemblaient à des Doc Martens normales, exception faite de l'étiquette portant le logo du Métro de Londres cousu sur l'empeigne pour des raisons fiscales. Le cuir paraissait un peu rigide, mais n'était-ce pas toujours le cas des chaussures neuves ? Il fallait simplement les cirer et les faire pour les rendre plus souples – comme les gens.

Au cours du week-end, je les portai dans mon appartement dans l'espoir que mes pieds allaient s'habituer à leur manque de souplesse. Je les cirai à trois reprises, les bourrai de papier journal. Et pendant quelques jours, tout se passa bien. Mais cela ne dura pas.

Bien que les chaussures me fissent mal, je me souvins d'une chose assez étonnante apprise au Japon : il ne faut pas prêter attention aux douleurs minimes et à l'inconfort. Je mis ce conseil en pratique. Je m'appliquai à marcher sans boiter tout en sachant qu'à mon insu je calculais combien de temps j'allais devoir attendre avant de rentrer chez moi et d'ôter ces satanées chaussures. Après cinq ou six jours de souffrance, mes doigts de pieds se mirent à saigner. Je fis semblant de ne pas m'apercevoir que mes chaussettes étaient maculées de sang séché quand j'enlevais mes chaussures en début d'après-midi. C'était un bras de fer. Je n'allais tout de même pas capituler devant une paire de chaussures ! pensais-je. Il fallait se montrer patient. Elles finiraient peut-être par s'assouplir, non ? N'était-ce pas là le sort de tous les souliers.

Trois semaines plus tard, les Doc Martens ne s'étaient pas modifiées. Je remarquai que tous les cinq ou six pas, je boitais. Je me battis contre cela, ce qui ne fit qu'accroître la douleur. Les tâches ordinaires devinrent d'une difficulté extraordinaire. Je ne me déplaçais plus d'une manière naturelle. Il suffisait de me regarder pendant une minute pour remarquer que j'étais blessé. Si j'avais été un gnou et celui qui m'observait un guépard, je n'aurais pas fait long feu.

J'avais tout essayé. La taille des chaussures n'était pas en cause. Je les avais graissées et passées au cirage. J'avais acheté des embauchoirs. Je les posais dans des endroits chauds, espérant ainsi me les concilier, qu'elles deviennent raisonnables et renoncent à me torturer. Je continuais à laver des chaussettes ensanglantées. Mes orteils ressemblaient à ceux d'un vétéran de la guerre des tranchées ou d'un prisonnier de guerre ayant parcouru d'énormes distances. Si je continuais, elles allaient réussir à infliger à mes pieds des lésions permanentes. Il me fallait admettre ma défaite. Lorsque je le fis, je découvris que l'immense majorité de mes collègues ne portait pas les chaussures réglementaires.

48

« C'est un barbare, il pense donc que les coutumes de sa tribu et de son île sont des lois de la nature. »

G.B. Shaw

Le port obligatoire de l'uniforme nous prive de la liberté de nous habiller selon notre goût. Mais jusqu'à quel point sommes-nous libres de toute façon ? Le vêtement est-il une forme d'expression ? Ou l'un des moyens qui nous permettent d'affirmer notre appartenance consciente ou inconsciente à la tribu ? Ou les deux ? Les Goths. Les cadres sup. Les décontractés élégants. Les intellectuels de bistrot. Les non-conformistes désirent se conformer à une démonstration visible de leur soi-disant non-conformisme. Pour Rumi, poète mystique du XIIIe siècle, les choses opposées en apparence coopérent souvent à un autre niveau. L'habillement est un exemple de ce phénomène.

49

Debout à l'ombre, sous la marquise d'un bar dans la rue principale d'Arusha, en Tanzanie, je reste là, appréciant la relative fraîcheur de cet endroit ombragé. Un groupe de soldats descend la rue en regardant dans ma direction. Comme je porte un treillis des surplus de l'armée, ils me prennent pour un officier et me saluent au passage. Je leur rends leur salut comme si nous échangions un sourire ou un geste de la main.

Asmara, Erythrée, appuyé contre un mur. A quelque

distance, un soldat crie et gesticule dans ma direction. Afin de préciser ses intentions, il soulève son AK47 et tire aussitôt plusieurs rafales. Les balles claquent sur le mur au-dessus de ma tête. Le curieux bruit métallique qu'elles font en ricochant me cause un choc : je suis une cible ! Je me rends compte alors que l'uniforme que je porte est une erreur et que je risque d'être tué à cause de lui.

Je regarde la télévision, des hommes en blouse blanche. Des experts. Ils expliquent que la nouvelle substance XDF a une fois de plus si bien accru l'activité de leur marque de dentifrice qu'il faudrait être idiot pour ne pas courir en acheter à la minute même.

Chaque jour, je me cache derrière mon uniforme d'agent du métro, mon moi réel étant totalement dissimulé. J'ai l'impression d'être un ornithologue amateur, parfaitement camouflé, en train de regarder et d'enregistrer. Le gibier ignore ce qui a lieu – et s'en moquerait s'il était au courant.

50

Les boots qui remplacèrent les chaussures torturantes m'avaient accompagné en France, aller et retour, sans que je les porte. Je les avais achetées dans une boutique du Sussex vendant des articles d'occasion en allant prendre le ferry. C'était des boots en cuir de travailleur manuel, légèrement trop grandes pour moi, avec un bout renforcé en acier et un rembourrage à la hauteur des chevilles. Il me fallut un certain temps avant de reconnaître qu'elles présentaient elles aussi un désavantage, différent de celui des Doc Martens : leurs semelles étant rigides, j'avais les pieds fatigués et meurtris de les porter quotidiennement.

Cela peut sembler sans grand intérêt jusqu'à ce que l'on

se souvienne de la « bastinado ». Frapper les pieds de quelqu'un est douloureux et perturbe l'état général de la victime. Les réflexologues pensent que l'on peut diagnostiquer l'état de santé d'une personne et le modifier positivement en lui tâtant et massant les pieds.

51

L'absence d'équilibre physique rend impossible l'équilibre mental. Rumi dit que chacune de nos pensées a une manifestation physique. Mais le contraire est vrai également, le corps peut créer et crée des états mentaux. Essayez seulement de marcher ou de claudiquer pendant un certain temps en courbant le dos – ou rappelez-vous dans quel état on est lorsque l'on souffre du dos – et observez les conséquences de cette position sur l'image globale que vous avez de vous-même. Le sentiment de vitalité est renforcé par des associations évoquant la force physique. La façon de se déplacer, de se tenir debout et de s'asseoir est de la plus haute importance.

52

Nous avions la permission de monter de temps à autre au niveau de la rue pour « une bouffée », une expression que je n'avais jamais encore entendue dans un tel contexte et qui renvoyait à la fois au fait de pouvoir respirer une bouffée d'air pur pendant la pause et à l'occasion qui nous était ainsi fournie de fumer. « Tirer une bouffée » eût constitué une description plus exacte de l'acte de fumer mais avait dû sembler ridicule. Je ne fume pas de cigarette et je n'avais pas le temps pour un cigare, ce que je préfère de loin. N'ayant aucune dépendance à la nicotine, je n'avais pas envie de tabac durant mes quatre heures de travail matinal. Dans mon cas, « la bouffée » me permettait de prendre l'air en faisant quelques pas dans la rue ; d'observer des passants dont l'humeur était très différente de celle de leurs semblables souterrains ; ou encore boire un café acheté au Bagel Express ou au Cafe Fred d'Argyle Street.

Les yeux baissés sur le contenu de ma tasse en polystyrène et soufflant sur mon café pour le rendre buvable, je remarquai une femme en train de chercher quelque chose non loin de mes pieds, sans comprendre dans un premier temps ce qu'elle faisait. Levant les yeux, j'aperçus une femme d'âge moyen en manteau d'hiver et une écharpe sur la tête, une cigarette coincée entre les lèvres. Bien qu'elle ressemblât à une figurante d'*East Enders*, elle n'aurait pas fait tourner la tête à un richard et ce n'était pas une clocharde à moins qu'elle ait sombré dans cet état récemment et n'ait pas encore acquis le degré de crasse qui l'accompagnait inévitablement.

La cendre de sa cigarette mesurait près de quatre centimètres et oscillait, menaçant de tomber chaque fois qu'elle sautillait comme un oiseau d'un mégot à l'autre. Elle récupérait les cigarettes abandonnées et je la vis en ramasser une relativement longue et la rouler entre ses doigts boudinés afin de redonner au tube écrasé sa forme ronde antérieure, plus proche de celle d'une cigarette. Puis elle la glissa dans sa poche et sauta un peu plus loin, le regard fixé avec avidité sur le trottoir à la recherche d'un autre trésor. S'agissait-il de chasse ou de cueillette ? J'imaginai nos ancêtres occupés à faire exactement la même chose, avec la même intensité et la même force de concentration il y a près de dix mille ans, mais cueillant des baies ou déterrant des larves au lieu de ramasser des mégots.

53

« Une histoire, fictive ou autre, illumine la vérité. »

Djalal al-Din Rumi

Nous nous déplacions vers la lumière, en restant près du mur et en mobilisant notre énergie pour courir sur de courtes distances. J'étais blanc, mon grand-père gris pommelé et bien que notre livrée fût couverte de poussière, il était de tradition dans la famille de s'en enorgueillir. « Stop », dit mon grand-père et je m'immobilisai aussitôt. Dans les tunnels, obéir immédiatement à un ordre était, je le savais, une question de vie ou de mort. Le demi-ovale de lumière révéla un quai en béton sur lequel se trouvaient des gens, le regard perdu dans le vague ; alors que nos yeux ne cessent de remuer que dans le sommeil, les leurs au contraire semblaient privés de vie, comme s'ils dormaient debout. Je n'étais pas certain qu'ils fussent capables de reconnaître le danger avant qu'il ne soit trop tard ou de fuir à son approche. Vu leur état léthargique, je me demandais comment ils se débrouillaient pour trouver de la nourriture ou une femelle. Interloqué, je voulus interroger grand-père à leur sujet.

« Grand-père, chuchotai-je, puis-je te poser une question ? Il poussa un petit cri en signe d'assentiment. Que font-ils ?

– Ce que tu as sous les yeux, mon enfant, commença-t-il, c'est ce que nous appelons la race humaine. Un état méprisable. Ils se déplacent sans but et à toute vitesse. Ils donnent l'impression d'être en permanence malheureux, tendus et hostiles. Parfois, ils sont saouls ou drogués. Toujours silencieux lorsqu'ils sont seuls ou au milieu d'un groupe de gens avec lesquels ils ne semblent avoir aucun lien de parenté. Totalement ignorants de notre sens de la communauté et de l'hospitalité. Mieux vaut laisser les souris du métro vivre à proximité d'eux ; nous, les rats, préférons habiter les tunnels, le plus loin possible de la race humaine. »

Un petit garçon debout non loin de sa mère regarde avec curiosité à l'intérieur du tunnel. Au moment où la rame approche, ses feux avant reflètent un millier d'yeux écarquillés à vingt ou trente mètres à l'intérieur du tunnel. L'enfant se met à glousser et à sauter sur place, mais personne ne voit ce qu'il voit ou ne peut deviner ce qui le fait rire.

54

En face de l'endroit où je remplis avec reconnaissance mes poumons se trouve un jeune garçon, assis sous un porche. Sa barbe d'adolescent n'a pas dû être rasée depuis deux jours, il porte un sweat-shirt passe partout dont il a relevé la capuche et ses genoux disparaissent sous une couverture. Il a calé près de lui un écriteau improvisé : des mots tracés au marqueur noir sur du carton ondulé provenant d'un emballage de chips Walker. Sur l'écriteau est inscrit : « J'ai faim et je suis sans abri. Aidez-moi s'il vous plaît. » Vu le nombre de touristes qui empruntent Argyle Street à la recherche de Liberty's ou du Palladium, c'est une bonne place ; il fait appel à tous ceux qui sont à portée de voix. Comme on pouvait s'y attendre, il leur demande une « petite pièce ».

Je l'observe durant quelques minutes. Il conserve un visage de marbre, non pas le regard vide de la tête à claques, mais une expression impassible comme s'il n'était pas concerné par ce qui se passait autour de lui, pouvait fonctionner en pilotage automatique et ne s'intéressait nullement au succès ou à l'échec de ses demandes de subsides. N'étant pas capable de trouver une réponse ici et maintenant à la douzaine de questions qui se pressaient dans ma tête, je fis demi-tour et m'apprêtai à redescendre vers Oxford Circus quand un son familier attira mon attention, m'obligeant à regarder derrière moi, de l'autre côté de la rue. Le bruit en question, un bip-bip irritant et régulier, semblait provenir de dessous la couverture du sans-abri. Il confirma cette impression en sortant un téléphone portable et en répondant à l'appel. J'écarquillai les yeux mais il ne me vit pas, ne rencontra pas mon regard et après quelques secondes, un sourire éblouissant illumina son visage inexpressif. Cela fait du bien de parler, pensai-je, en souriant à mon tour, un petit sourire qui ne s'adressait qu'à moi.

55

Les distributeurs automatiques de chocolat du métro de Londres appartiennent et sont gérés par une entreprise privée. En cas de réclamation, on peut appeler un numéro vert mais les personnes ayant un problème ne lisent quasiment jamais l'avis expliquant que le métro n'est pas responsable des distributeurs et ne peut apporter aucune aide aux accrocs du chocolat désappointés. Parfois, les distributeurs en panne sont simplement cassés ou vides. Il arrive également qu'ils aient été sabotés.

Un jour, découvrant un petit garçon en train de pleurer à côté d'un distributeur de chocolat, je compris aussitôt ce qui se passait. Je savais que cette machine était en panne et qu'il était inutile de conseiller à ce jeune garçon d'appeler le numéro vert. Je le pris par la main, l'entraînai vers un distributeur qui fonctionnait et lui achetai la tablette de Wispa qu'il avait tenté de se procurer par lui-même. Il s'éloigna en mangeant son chocolat, sans me remercier, jugeant sans doute que j'avais simplement obligé le système à faire ce qu'il était censé faire.

Les distributeurs sabotés étaient souvent bloqués à l'aide d'un petit morceau de carte glissé dans le compartiment du retour des pièces si bien que ces dernières ne pouvaient plus retomber tant que l'on n'avait pas retiré la carte. La plupart des acheteurs de chocolat étaient pressés et sautaient dans la rame en abandonnant leur monnaie. A la fin de la journée, les pièces qui n'étaient pas retombées représentaient une somme significative. Jugeant qu'il fallait s'attaquer au problème, l'un de mes collègues montra à un surveillant que la plupart des distributeurs de chocolat avaient été trafiqués de cette manière. Pour le récompenser, on lui confia le soin de vérifier chaque jour les distributeurs et de temps en temps, il rapporta quelques livres de menue monnaie qu'il était censé avoir récupérées dans les machines bloquées.

Il oublia d'expliquer qu'il était responsable au premier chef du blocage des distributeurs. Il faisait chaque jour le tour des distributeurs bloqués et arrondissait ses fins de mois avec ce butin exonéré d'impôts qu'il prélevait sur les voyageurs pressés et affamés. Je connaissais son secret et désapprouvais ces menus larcins mais j'étais obligé de respecter le code de l'*omertà* qui liait un agent de station à un autre, si bien qu'il était absolument hors de question que je moucharde auprès de la direction.

56

Je sentais une odeur de kérosène. Quatre hivers japonais rigoureux dans des maisons en bois sans chauffage dont les appartements étaient seulement tempérés par des poêles au kérosène m'avaient habitué à cette odeur. Je suivis la trace jusqu'au quai 4 et arrivé là, j'eus quelques difficultés à en croire mes yeux. Un jeune homme avec une queue de cheval, pieds nus et vêtu d'un *shalwar khamis* divertissait un petit groupe de touristes. C'était un jongleur. Qu'il jonglât avec quatre quilles n'avait donc rien d'étrange. En revanche qu'il les ait transformées en torches sortait de l'ordinaire.

J'avais vu des jongleurs de ce genre dans les jardins publics du monde entier mais jamais sous terre. Lorsqu'il m'aperçut, il rattrapa ses torches, les trempa toutes en même temps dans le seau d'eau posé à côté de lui et saisissant l'anse du seau, se mit à courir.

57

Un bruit sourd et régulier, qui s'entendait de loin. Je me dirigeai vers lui et aperçus à l'autre bout du quai un adolescent qui faisait rebondir un ballon de basket. Il essayait de toucher la voûte du tunnel sans parvenir à ce que le ballon rebondisse suffisamment haut. La limite d'élasticité du ballon, ou une combinaison de cette dernière avec la force du garçon, ne dépassait pas les cinq mètres.

58

Trois garçons, deux Blancs et un Noir, passèrent devant moi à toute vitesse sur leurs skate-boards. L'un deux se déplaçait tout près du bord du quai mais quand je leur criai d'arrêter, comme il portait un Walkman, il ne m'entendit pas. Mon intervention n'échappa pas aux deux autres qui passèrent outre, et tous trois s'engouffrèrent dans le couloir qui menait au quai parallèle au mien. Lorsque je les rejoignis, ils ôtaient leur skate d'un air penaud, puis ils montèrent avec précaution dans la rame à l'arrêt. Le conducteur me héla. « J'leur ai dit que je bougerais pas tant qu'ils auraient pas enlevé ces maudits skates. Sacrés mômes ! »

59

Graham, l'un de mes amis, m'a conté ses aventures en Californie du Sud. Il a écrit un livre sur les mois qu'il passa là-bas, marchant dans le désert, l'explorant et vivant seul avant de reprendre son poste de professeur dans un collège de centre-ville. Il m'a dit qu'il avait essayé d'inspirer à ses jeunes élèves de seize ans le goût de l'aventure et de l'évasion en leur proposant d'imaginer les possibilités que cela ouvrait. « Mais, Monsieur, lui ont-ils répondu en chœur, nous n'avons pas d'argent. Et il faut de l'argent pour voyager. » Il leur expliqua qu'il n'en avait pas eu besoin. Que quand il était arrivé en Californie du Sud, il possédait en tout et pour tout 200 £, qu'il avait accepté des boulots étonnants et vécu des ressources naturelles du pays. Ils refusèrent de le croire ou de reconnaître qu'une telle chose fût possible et ne cessèrent de mettre en avant l'insurmontable obstacle de l'argent. « Ils ont besoin d'imagination et non d'argent », conclut Graham.

60

Un groupe d'adolescents japonais entièrement vêtus de noir. Certains avaient les cheveux teints en blond ou en roux. Pour décrire cette forme de déliquescence, les médias de Tokyo disent que ces jeunes viennent « d'une autre planète ». Pour l'instant, ils étaient en train de faire les pitres à l'extrême bord du quai. Je m'approchai d'eux et, prenant ma plus belle voix de gangster, leur criai : « *Hora ! Abunai yo ! Dame da !* » (Hé, c'est dangereux ! Ne faites pas ça !). Il poussèrent des exclamations de surprise et se mirent à commenter les singeries d'un étranger qui semblait miraculeusement capable de parler japonais. Montant le volume du son, je hurlai : « *Ore o nameru na !* » (Vous foutez pas de ma gueule !) et donnai une légère tape sur le crâne de l'adolescent le plus proche comme le font les maîtres d'école japonais. Ils reculèrent d'un même mouvement et battirent en retraite vers le mur, la tête basse, l'air empoté comme tous les adolescents intimidés. J'eus soudain l'impression d'être un prestidigitateur qui vient de réussir à faire disparaître un lapin.

61

Prendre le métro sans se presser. Je suis en avance par rapport au début du cours que je donne ce matin et je n'ai donc pas besoin de me dépêcher. Soudain l'alarme résonne. Il y a une agitation intense sur le quai. Le personnel de la station s'active dans tous les sens en criant quelque chose que je ne parviens pas à comprendre. La police est là également – mais pas les flics habituels. Il s'agit des unités antiémeute de Tokyo, les *kidotai*, qui portent un gilet pare-balles. L'homme qui se trouve à côté de moi m'annonce qu'il y a eu une attaque au gaz et que nous devons quitter la station sur le champ.

De nombreux voyageurs ont posé leur mouchoir devant leur bouche mais je ne sens aucune odeur étrange. « Ne courez pas. Ne courez pas. Quittez la station sur le champ. » A la surface, la situation était chaotique. J'entendis les mots « morts » et « terroristes » sans parvenir à reconstituer la totalité de l'événement.

A l'école de langues, nous apprenons par la radio que la secte Aum Divine Truth a attaqué le métro avec du Sarin, un gaz neurotoxique. Il y a douze morts et des milliers de blessés. Tout en buvant mon thé et en grignotant un biscuit, je consulte le plan du métro et découvre qu'à deux stations près, j'eusse fait l'expérience directe du gaz neurotoxique.

62

Tous les jours ou presque, je restais sur le quai durant tout mon temps de travail, c'est-à-dire quatre heures d'affilée, sans éprouver le besoin de me rendre aux toilettes. Je ne voyais pas l'intérêt de boire une tasse de thé, commençais à considérer ma lutte contre l'ennui comme une incitation à l'autodiscipline et le combattais grâce à des exercices destinés à aiguiser les sens chacun à leur tour : pour commencer, observer soigneusement ; puis écouter attentivement ; et pour finir, renifler l'air comme un animal. Je ne faisais appel ni au sens du goût, ni à celui du toucher si ce n'est peut-être que ma façon de me déplacer, de rester immobile et de bouger les bras, en transportant presque toujours un micro à rallonge et une radio, avait également un côté voulu et délibéré.

Outre l'ennui, il fallait aussi que je me coltine les réactions des collègues à mon stoïcisme. J'appris peu à peu que l'on interprétait mes longues stations sur le quai comme un précédent fâcheux ; on me demandait d'ailleurs fréquemment si je n'aimerais pas faire une pause ou boire une tasse de thé. Un certain temps fut nécessaire avant que je réalise que cet « intérêt » était destiné à me faire rentrer dans le rang et à me voir adopter le comportement professionnel de tout un chacun. Ce dernier supposait que l'on arrivât sur le quai avec quinze minutes de retard ; que l'on demandât au moins une relève pour raisons personnelles et que l'on montât au niveau de la rue à 9 h 30 pour une « bouffée » ou une tasse de thé. Je repoussais poliment ces suggestions sans modifier en quoi que ce soit mon attitude. Je répondais que je n'avais pas soif ; nul besoin d'aller aux toilettes ; que je ne m'ennuyais pas. Quand on m'eut classé comme un excentrique et non plus comme quelqu'un qui voulait se démarquer des autres, on me laissa tranquille.

63

Un matin en arrivant, j'appris que mon travail avait changé : durant les deux premières heures et demie de la matinée, j'étais affecté au niveau du sol, au portillon de la sortie Argyle Street, avant de reprendre mes patrouilles sur le même quai. J'étais devenu prudent en matière de nouvelles tâches, une attitude normale lorsque l'on occupe un poste d'ouvrier. Je suppose que j'étais simplement nerveux à l'idée de commettre une erreur dans ce nouveau poste. Une affectation à un portillon de sortie représentait une expérience totalement différente de celle du quai 6. En bas, même si les rames déversaient durant les heures de pointe une foule importante, je passais complètement inaperçu aux yeux de la plupart des voyageurs. Un nombre restreint d'usagers me posaient une question, les autres me dépassaient le plus rapidement possible. Au niveau des portillons régnait un état d'esprit différent : il y avait une note désespérée dans le comportement des voyageurs. Tels des prisonniers en cavale, la plupart d'entre eux désiraient uniquement se retrouver le plus vite possible de l'autre côté de la grille. Un dixième de seconde de délai risquait de provoquer une réaction en chaîne de colère et de frustration.

64

Chaque fois que je rencontrais un musicien ambulant, je m'étonnais de la politique officielle : les musiciens encombraient la voie publique et le bruit qu'ils faisaient représentait un risque pour la sécurité. Cette optique ne prenait pas en compte le fait que les messages diffusés par les haut-parleurs de la station étaient plus ou moins inaudibles et qu'un grand nombre de voyageurs étaient « sourds », car ils écoutaient leur Walkman. De nombreux jeunes gens choisissent de s'enfermer dans une bulle sonore qui leur permet de se déplacer dans un milieu provisoire sans être touché par les stress extérieurs. Les chances qu'ils entendent les annonces signalant un danger étaient très exactement nulles, mais ils l'ignoraient ou s'en moquaient.

65

Dans cet étrange endroit souterrain, la musique avait d'autres implications. A New York, l'administration avait adopté une attitude diamétralement différente : il existait un programme officiel, approuvé et patronné par la direction du métro, permettant aux musiciens ambulants de jouer dans les stations. Selon les premiers résultats, le public aimait ces musiciens et les applaudissait. Qu'en est-il de la musique préenregistrée ? Un quotidien a rapporté que dans le métro de Newcastle le vandalisme imputable aux adolescents a été quasiment éliminé grâce à une méthode très simple : les tubes à la mode diffusés comme musique d'ambiance ont été remplacés par un répertoire classique. Cela a eu un effet spectaculaire. Les bandes de jeunes qui traînaient à longueur de journée dans les couloirs du métro et les stations ne supportant pas cette musique partirent ailleurs, dans un endroit plus à leur goût. *Sea Drift*, le poème symphonique de Delius, était tout particulièrement efficace et entraînait instantanément des migrations massives. Les économies réalisées atteignirent 500 000 £ – le coût annuel moyen des réparations du matériel et des espaces publics vandalisés.

66

Au moment où j'entrai dans le centre d'opérations, Pete semblait dans tous ses états et râlait auprès d'un surveillant. Tout en me préparant une tasse de thé, j'écoutai d'une oreille distraite ce qu'il disait. Pete venait de se disputer avec Pierre, un musicien ambulant noir et hargneux qui cherchait des crosses et posait généralement des problèmes – et qui, supposai-je, devait encore traîner dans un des couloirs de la station. « Quand j'aurai terminé mon thé, je vais descendre et s'il joue toujours, cette fois-ci, il va m'entendre », dit Pete. Je connaissais Pierre de vue mais je n'avais jamais parlé avec lui ni remarqué son comportement agressif. Pour l'avoir entendu jouer, je savais qu'il chantait faux et grattait tout juste de la guitare. De la musique d'ambiance – ni affreusement mauvaise, ni remarquable en quoi que ce soit. Un bruit de fond qu'il valait mieux ignorer, attitude que j'aurais adopté avec Pierre le casse-pieds. Mais le règlement précisait que nous devions faire circuler les musiciens ambulants. Et il était encore plus sévèrement appliqué vis-à-vis des musiciens que l'on avait pris en grippe.

J'oubliai l'incident, finis de boire mon thé et repris mon poste à la sortie Argyle Street. Une demi-heure plus tard, l'indicateur radio signala brusquement une urgence. Il se passait quelque chose en bas. Quelqu'un avait été frappé. On poursuivait l'agresseur. Plusieurs agents de station et un surveillant étaient impliqués et à en croire les bribes d'informations qui me parvenaient ils pourchassaient Pierre. Après qu'ils l'eurent empêché de quitter la station en montant dans une rame de la Central Line, un surveillant communiqua par radio que Pierre remontait vers la surface, qu'il allait essayer d'emprunter la sortie Argyle Street et que nous devions l'arrêter. A peine avais-je reçu ce message que Pierre apparut. Le manche de sa guitare sans housse dans la main gauche, il venait de quitter l'escalier roulant et s'apprêtait à piquer un sprint. Je me glissai aussitôt en face de lui et demandai poliment à voir son ticket.

« Fous-moi la paix ! Qu'est-ce que tu me veux, mec ?

– Puis-je voir votre ticket ? », répétai-je. Je supposai qu'il n'en avait pas et remarquant qu'il se rapprochait du portillon de sortie, j'en déduisis qu'il s'apprêtait à sauter par-dessus. J'agrippai donc son poignet droit avec ma main gauche et l'immobilisai. Il secoua sa main et se mit à tourner désespérément sur lui-même dans l'espoir que je lâche prise. « Qu'est-ce que c'est que ce bordel, mec ! » Je le laissai s'approcher du portillon, puis je m'arrêtai et assurai mes appuis afin qu'il ne puisse pas m'entraîner plus loin.

Un certain nombre de pensées traversèrent mon esprit rapidement mais sans que je perde mon calme. S'il essaie de me frapper, je pare le coup, puis je le neutralise. S'il ne m'agresse pas, je me contente de l'immobiliser. Quand le surveillant arrivera, j'obéirai à ses ordres. Quelques agents de station étaient déjà là et tournaient autour de Pierre, en restant à distance respectueuse. Pierre criait au meurtre et menaçait de nous réduire en bouillie. Il n'avait pas tenté de se libérer et il n'était pas difficile d'en venir à bout. Il avait des bras décharnés, était chétif, ses dreadlocks pendouillaient autour de son visage anguleux et chafouin comme des rideaux élimés et à mon avis, il devait avoir une quarantaine d'années. Mis à part le fait peu probable qu'il fût armé d'un couteau, il ne présentait aucun danger. En cet instant, j'avais pitié de lui et nullement envie de le brutaliser.

Il se pencha en avant, baissa la tête et me mordit la main. Il voulait me faire mal mais j'étais si détaché que je me rendis à peine compte que ses incisives avaient perforé la peau de ma main et que je saignais. Je ne ressentais aucune douleur. Vu le comportement de mes collègues, il était maintenant évident que personne ne lèverait le petit doigt pour arrêter Pierre – je décidai donc de laisser tomber.

Aussitôt Pierre sauta le portillon et se retourna pour lancer une tirade d'adieu. Je le suivis lentement. Il monta quatre à quatre les marches de l'escalier de sortie et jugeant qu'il se trouvait maintenant en terrain neutre, il me cria qu'il allait me casser la figure sur le champ. « Plus tard », répliquai-je d'une voix glaciale et en souriant. Puis je marquai une pause et au moment où il disparaissait dans la foule d'Oxford Street, j'ajoutai : « Bonne journée. »

La morsure risquait d'être grave. Les morsures humaines sont censées présenter plus de risques d'infections diverses et désagréables que les morsures de chiens et d'autres animaux. On me mit une compresse antiseptique et l'on me dit de me rendre immédiatement à l'University College Hospital. A l'hôpital, le médecin fit un prélèvement, puis un pansement et me donna une ordonnance pour des antibiotiques. Il me dit qu'il s'agissait d'un traitement préventif – et comme je ne prenais des médicaments que lorsque j'étais gravement malade, je décidai d'attendre. Si jamais une infection se déclarait, je suivrais le traitement prescrit.

La blessure ne présenta aucun signe d'inflammation ni d'autres symptômes d'une infection. Mais qu'en était-il d'une infection invisible ? Je découvris sur Internet le cas d'un homme de quatre-vingt-deux ans habitant la Floride qui avait contracté le sida après avoir été mordu par une prostituée toxicomane qu'il avait aidée à changer le pneu de sa voiture accidentée. Sans compter le risque d'hépatite, de syphilis et même de la bactérie nécrosante – une infection redoutable, dévoreuse de chair, qui vous consomme tout cru en deux temps trois mouvements. Au sein de l'équipe, il allait de soi qu'une agression vous valait un congé payé et bien que je n'eusse rien de grave et envie de reprendre le travail, je savais que ma précipitation serait mal vue et considérée comme un précédent négatif. Je pris donc trois jours pour me remettre du choc occasionné par l'éventualité d'être dévoré vivant par un super microbe que rien ne pouvait arrêter.

67

Alors que je discutais avec un conducteur de la Bakerloo Line sur le quai 4, j'arrachai subitement ma casquette d'uniforme et la claquai sur son bras nu, posé sur la vitre ouverte de la cabine du conducteur. « Qu'est-ce qui… ? », demanda-t-il en reculant. « Un moustique », répondis-je en lui montrant sur son bras les restes écrasés de l'insecte. J'avais remarqué leur présence l'avant-veille et je m'étais creusé la tête pour savoir comment les observer de plus près avant de faire mon rapport. Armé d'une bouteille de Volvic vide, je réussis à convaincre l'un de mes collègues de se placer contre le mur de tête, manches relevées, pour servir d'appât lors de ma chasse aux insectes. « Essaie d'avoir l'air appétissant », lui dis-je. « Comment tu fais pour qu'un insecte te trouve appétissant ? », demanda-t-il à juste titre, et il me suffit de le regarder pour comprendre qu'il était loin d'être convaincu. Je me félicitai de ne pas lui avoir expliqué que le moustique était le plus mortel ennemi de l'homme, responsable de plus de décès que n'importe quelle créature ou être humain ayant jamais vécu sur terre. Après une minute ou deux, j'aperçus un couple de moustiques bourdonnant autour de *l'appât*. « Ne bouge pas. Reste très, très tranquille », dis-je en baissant la voix, puis je m'approchai sur la pointe des pieds en brandissant la bouteille de Volvic par le goulot. L'insecte était en train de se repaître de mon collègue, posé sur son avant-bras, presque à la hauteur du coude. Le quai était vide et silencieux si bien que j'eus l'impression d'entendre le bruit que faisait l'insecte en suçant avec avidité le sang. Un seul mouvement tout en souplesse suffit pour que je pose la bouteille sur le moustique, il s'envola, pénétrant plus avant dans la bouteille que je refermai avec le bouchon.

Deux jours plus tard, étant arrivé à la conclusion que mon captif n'était ni un Culex (vecteur de l'éléphantiasis), lequel a des antennes velues et un corps uniforme, ni un anophèle (qui transmet la malaria) aux pattes caractéristiques et dont le corps prend une position oblique au repos, ni un Aedes (dengue et fièvre jaune) au corps uniforme et aux pattes noires rayées de blanc, je pris rendez-vous avec un ancien camarade d'école dont l'entomologie était la spécialité. Dès que nos cappuccinos furent servis, je sortis la bouteille de Volvic. « Où diable as-tu trouvé ça ? demanda mon ami. Cette espèce est totalement inconnue en Angleterre. »

Je me souvins avoir lu que certains habitants des cités situées près des aéroports de Gatwick et Heathrow avaient contracté la malaria alors qu'ils n'avaient jamais quitté l'Angleterre. Les moustiques responsables de leur maladie étaient arrivés, comme n'importe qui d'autre, par jumbo-jet ; des passagers clandestins venus des tropiques où sévissait le paludisme. Et maintenant, je me demandai s'ils avaient réussi à pénétrer plus avant l'infrastructure des transports. Arrivés par jet, voyageant dans le métro, vivant dans l'obscurité des tunnels humides sous une métropole gorgée de sang.

Je rentrai chez moi, sortis la trousse médicale qui m'avait accompagné dans des centaines de voyages et aspergeai les manches de ma chemise et les jambes de mon pantalon d'uniforme de DEET (diéthyltoluamide) et d'huile de la toundra scandinave. Il s'agissait d'un cocktail mortel qui m'avait permis de traverser sans danger jungles et marais et tel un boy-scout, je savais qu'il valait mieux prévenir que guérir.

68

La situation était critique sur les quais des lignes en direction du sud.

Tout se produisait en même temps. Sur mon quai, la rame était immobilisée car il y avait eu un suicide un peu plus loin sur la Victoria Line et maintenant, nous avions une nouvelle urgence. Un message radio venait de m'apprendre qu'un voyageur était victime d'une crise cardiaque sur le quai 5. Sans attendre que l'on m'en donnât l'ordre, je parcourus le quai en demandant s'il y avait un médecin ou une infirmière dans le train. Un homme portant une serviette s'approcha de moi et me dit qu'il était médecin. Je lui annonçai qu'un homme avait un malaise cardiaque et lui demandai de me suivre.

Nous traversâmes le quai en courant et empruntâmes le couloir en gravissant les marches quatre à quatre. C'était excitant. J'avais l'impression d'être un ambulancier fonçant vers le lieu d'un accident en sachant que quelques secondes seulement risquaient de créer la différence entre une lésion cérébrale et un bon rétablissement. Courant toujours, j'envoyai un message radio. « J'ai trouvé un médecin, nous arrivons.» Ajoutant : « Où se trouve le voyageur victime d'une crise cardiaque ? » J'appris qu'il avait été transporté sur le quai 3 desservant la Bakerloo Line, en direction du sud.

Lorsque nous arrivâmes, je me contentai d'observer la scène tandis que le médecin prenait le relais. Douglas Tate, un agent de station formé aux secours d'urgence, était assis sur la poitrine de l'homme et pratiquait avec frénésie le bouche-à-bouche, en alternance avec un massage cardiaque. La victime, un homme d'une soixantaine d'années ou même un peu plus, ne présentait aucun signe de vie. Sa tenue était en désordre, le secouriste avait arraché sa cravate et ouvert son col. On aurait cru qu'il était saoul, il avait l'air négligé et semblait avoir perdu toute dignité. L'expression « dignité de la mort » me vint spontanément à l'esprit. Je n'ai nullement envie de mourir sur un quai de métro, pensai-je. Son dentier était posé à côté de lui, comme un accessoire abandonné après une blague ratée – il semblait lui manquer quelque chose à ce dentier, un verre d'eau peut-être à l'intérieur duquel on aurait pu le placer afin de compléter le tableau. Homme mort et son dentier : une installation digne de Damien Hirst.

Le médecin avait pris la relève au niveau du massage cardiaque et n'avait rien de plus à ajouter au répertoire des soins d'urgence qui n'eût été déjà tenté ; il vérifia le pouls de l'homme, regarda ses yeux, demanda à Douglas depuis combien de temps il avait administré les procédures d'urgence et après avoir écouté sa réponse, décida d'abandonner. « Je crains qu'il soit mort », dit-il et nous fûmes obligés de le croire.

Comme le médecin était pressé de s'en aller car il devait prendre un train à Charing Cross, nous lui demandâmes sa carte professionnelle et nous le vîmes s'éloigner en direction de mon quai. Tandis qu'il officiait, j'avais empêché les curieux d'approcher. Un surveillant nous dit alors de transporter le corps dans un couloir et deux agents de station saisirent l'homme par les bras et les jambes. Le cadavre n'était pas lourd et cet homme âgé n'avait pas l'air plus mort que quelqu'un d'endormi. Je me baissai, ramassai le dentier et le glissai dans ma poche – qui eût cru que des dents se retrouveraient un jour dans ma poche…

Au moment où le corps était déposé avec ménagement sur le sol, les auxiliaires médicaux arrivèrent. Nous leur dîmes que le médecin avait confirmé le décès. « Qu'est-ce qu'ils en savent les médecins ! », dit l'un des auxiliaires en ouvrant sa trousse, puis en se mettant à l'ouvrage à un rythme effréné. Contrairement au médecin, ils étaient bien équipés et avaient apporté des sacs remplis de potions et d'étranges instruments. Ils firent une piqûre – était-ce de l'adrénaline ? – dans la poitrine de l'homme, puis installèrent un défibrillateur. Grâce aux feuilletons télévisés populaires dont l'action se passe dans le milieu hospitalier, je savais ce qui allait arriver mais le contexte semblait bizarre – au lieu de la salle des urgences, un couloir que j'arpentais tous les matins.

Nous constituâmes une barrière humaine afin d'isoler les auxiliaires médicaux des voyageurs empruntant le couloir. D'une façon absolument surréaliste, au moment où ils allaient électrocuter l'homme mort, alors qu'ils échangeaient à voix haute des consignes au sujet de l'intensité de la décharge, puis lançaient le dramatique mais prévisible « Prêt ! », quelqu'un s'approcha de moi et me posa une question non pas au sujet de ce qui avait lieu ou de l'homme décédé, mais d'une banalité désarmante. « Pouvez-vous m'indiquer la Central Line ? » Alors que je montrais du doigt la direction à suivre, j'entendis un bruit sec au moment où le corps recevait la décharge et observai du coin de l'œil ses effets : la convulsion du corps. La voyageuse à la recherche de la Central Line semblait n'avoir rien remarqué, moi excepté. Souffre-t-elle d'un rétrécissement du champ visuel ? me demandai-je en la voyant faire tout simplement demi-tour et reprendre sa route.

Les auxiliaires médicaux avaient réalisé un miracle en obtenant un pouls régulier et maintenant que les fonctions vitales étaient stabilisées, ils sanglaient sur un brancard cet homme dont je ne saurais jamais le nom mais qui était devenu à mes yeux Monsieur Lazare. Je venais d'être témoin qu'un homme pouvait ressusciter. Il n'était pas loin de dix heures du matin.

69

Un sourire sincère : un cadeau, une manifestation de la vie, totalement inattendus. Pourquoi est-ce aussi émouvant ? A Brixton, dans un train, un homme s'avance en marmonnant et gêné d'être surpris en train de se parler à lui-même, me sourit soudain, si bien que je lui souris à mon tour. Un jeune garçon, sur le point de monter dans une rame sur mon quai, se retourne à moitié et m'adresse un sourire éblouissant sans raison discernable, ce qui me remplit de joie durant une demi-heure. Une femme âgée regarde autour d'elle à la recherche d'une correspondance, m'aperçoit et découvre en même temps la direction qu'elle doit suivre, me remercie d'un sourire alors que je n'ai rien fait, et je lui adresse à mon tour en remerciement un sourire radieux.

Ne pourrait-on pas juger de notre degré de civilisation en considérant le nombre de fois où nous sourions à des étrangers, spontanément, sans crainte et sans attendre quoi que ce soit en retour ? Sans rien attendre si ce n'est un sourire reconnaissant en remerciement ; merci de vous souvenir que je suis humain. Quand avez-vous souri ainsi pour la dernière fois, et non parce que vous flirtiez avec quelqu'un qui vous attirait ?

70

Trois aphorismes choisis au hasard dans différents programmes télévisés de la nuit dernière.

« Bacchus insuffle la vie aux vagabonds. »

« Chaque chose en particulier, qu'est-elle en soi ? »
Marc Aurèle

« Chaque jour le semblable est différent. »

71

Debout au bord du quai, je me demande si la possibilité de sauter sur les rails explique les suicides enregistrés dans le métro. Tout ce qui est possible finira par se produire. La plupart d'entre nous ont eu envie de se jeter du haut d'un building. Quand cela m'arrive, je m'éloigne du bord.

D'autres s'en approchent – et quelques-uns font comme s'il n'existait pas, et sautent.

72

Dans *Les Principes de la psychologie*, William James explique : A n'importe quel stade, l'esprit est le théâtre de possibilités simultanées. La conscience revient à les comparer, à en choisir quelques-unes et à supprimer celles restantes par l'intermédiaire d'un renforcement et d'une inhibition de l'attention.

73

Lorsque vous êtes tombé une fois,
marchez avec précaution.
Vous serez ainsi assuré de ne pas perdre à nouveau l'équilibre.

Saadi

Chaque fois que je parcourais le quai, je repoussais du pied sur le côté papiers et détritus afin que personne ne glisse ou ne trébuche. Il fallait absolument être à l'affût du premier facteur de risque de chute et de mortalité des personnes âgées en supermarchés : le grain de raisin isolé. Le raisin noir était encore plus dangereux que le blanc car plus difficile à discerner. Les grains de raisin restaient bien souvent à l'endroit où ils étaient tombés alors que les peaux de banane, summum de la banalité en matière de danger, bien que plus nombreuses, étaient poussées le long d'un mur ou juchées sur un distributeur automatique de confiserie ou sur un panneau indiquant la sortie. Une fois, j'ai vu quelqu'un glisser sur le quai 4, comme s'il dérapait en voiture sur une plaque de verglas, et quasiment perdre l'équilibre. Ce malheureux usager avait marché sur un bloc de petits pois, encore congelés, que j'envoyai aussitôt sur les rails à coups de pied. Le voyageur m'admonesta de bien étrange manière. « Comment se fait-il que ces petits pois se retrouvent là ? » Il n'existait assurément aucune réponse toute faite à une telle question.

74

J'aperçois un petit morceau de papier sur le sol que je pousse doucement avec la pointe de ma boots. Il s'agit d'un papier bleu clair et argenté, l'argent reflétant les néons des plafonniers, si bien qu'il scintille presque au moment où je me penche pour le ramasser. Ses couleurs brillantes me rappellent les brochures qui s'échappaient comme des confettis des revues juridiques que j'ai passé la majeure partie de mon temps à lire lorsque j'étais un jeune adulte. J'y jette un coup d'œil : il s'agit d'une publicité pour un manuel de droit publié chez Sweet et Maxwell. Je reçois un choc en lisant le nom du co-auteur. Une vieille connaissance, l'un des associés dans l'étude d'avoués de la Cité où nous nous sommes rencontrés, qui est devenu avocat et professeur de droit. La dernière fois que j'ai lu son nom imprimé, ce dernier figurait à côté du mien sur l'annonce d'une conférence que nous allions donner à l'université d'Oxford. Maintenant, il était professeur et moi, je retirais du milieu du quai le prospectus publicitaire de son livre le plus récent afin que personne n'ait le malheur de tomber en marchant dessus.

Ce prospectus renvoyait à trois choses en même temps,

occupait trois dimensions. Il faisait de la publicité pour un livre, avait été perdu ou jeté et compte tenu de l'endroit précis où il se retrouvait, représentait maintenant un risque pour la sécurité. Il était également à mes yeux un symbole de ma vie passée et un maître qui m'enseignait que chaque chose perçue de la bonne façon pouvait être plusieurs choses à la fois.

75

En entrant sur le quai en direction de l'Est, je vois que Salman Qureshi lutte avec un homme sur les rails dans ce que nous appelons la fosse aux suicidés. Je me précipite vers eux, prêt à sauter sur le ballast et à rentrer dans la bagarre, tout en me demandant pourquoi ils se battent à un endroit aussi dangereux. Sont-ils tombés du quai au cours de la rixe ?

Dès que j'arrive à leur hauteur, je comprends ce qui se passe. Salman retient effectivement un homme par la manche mais ce dernier ne se bat pas avec lui, il est victime d'une crise d'épilepsie. Wong Tsu, un agent de station, se trouve à l'autre extrémité du quai et a utilisé le téléphone du tunnel pour couper le courant de traction. Comme Tony Aristides, un autre agent de station, est là également, je me sens de trop. Salman me demande d'avertir le responsable de la ligne que nous essayons de sortir l'homme d'entre les rails et que nous le préviendrons dès que nous aurons réussi. Je me précipite vers l'autophone et compose le numéro d'urgence, celui qui est inscrit sur un carton collé sur le mur. Après avoir fait ce que l'on m'a ordonné, je retourne en courant sur le quai d'à côté et je demande à toute personne ayant une formation médicale de se présenter. Je serais bien incapable de dire pourquoi je trouve à chaque fois instantanément un médecin, mais tel un génie, une belle femme m'annonce avec le même accent que celui d'Ingrid Bergman qu'elle est médecin, de nationalité suédoise mais exerçant à Londres.

Nous tournons le coin en courant et courageusement le médecin relève aussitôt sa robe d'une main, puis s'aide de l'autre pour gagner les rails afin de parler à l'homme. Les convulsions ont cessé mais il ne semble pas savoir où il se trouve. J'en viens à me demander s'il comprend l'anglais mais serait-ce le cas, il aurait quelques difficultés à suivre ce que dit le médecin suédois à cause de son fort accent. Même s'il ne s'agissait que de simples sons, sans signification, la régularité mélodieuse des bruits qui sortent de ces lèvres magnifiques, s'élevant, puis retombant – allons, allons, il faut se lever maintenant, allons, vous allez prendre mal, allons, allons – apaiserait n'importe qui. Il se calme et accepte de remonter sur le quai, aidé par les mains aux ongles manucurés du médecin et par celles de Salman, graisseuses et beaucoup moins séduisantes.

76

Salvatore était italien et ne comprenait que quelques mots d'anglais. Grâce à des signes et une douce fermeté, nous réussîmes à le convaincre de ne pas prendre le métro et à monter avec nous au centre d'opérations. Le médecin suédois avait confirmé le diagnostic de crise d'épilepsie, une absence, avait-elle appelé cela, et selon elle, Salvatore ne se souvenait sans doute pas pourquoi il s'était retrouvé sur les rails de la Central Line durant l'heure de pointe. Salman qui s'était parfaitement débrouillé de la situation, secondé efficacement par Wong et Tony, ne s'était retrouvé au bon endroit et au bon moment qu'à cause d'une perturbation entraînant des retards sur la Central Line. Ces retards avaient sans doute sauvé la vie de Salvatore ; mais je fus bien obligé de reconnaître que je ne pourrais pas employer cet argument la prochaine fois que l'on me reprocherait les défaillance du service.

77

Une jeune femme, qui vient d'acheter un paquet de bonbons à la menthe dans le minuscule kiosque à journaux de l'Arène, accuse le jeune Asiatique qui le lui a vendu d'avoir les mains poisseuses au moment où il lui rendait la monnaie parce qu'il était en train de se masturber. John, l'un des surveillants, lui demande si elle désire qu'on appelle la police, si elle veut faire une déposition et elle répond par l'affirmative à ces deux questions. Puis il part espionner le jeune homme afin de déterminer s'il présente des signes évidents d'excitation sexuelle.

« Quand je suis arrivé à sa hauteur, il s'essuyait les mains avec un mouchoir en papier, ce salaud », dit John lorsqu'il revint quelques minutes plus tard. Ce qui fut interprété comme une preuve accablante. Dans l'esprit de la plupart des hommes, mouchoirs et masturbation vont de pair, au même titre que les œufs et le jambon.

Dès leur arrivée, les agents de la police des transports britanniques demandèrent au garçon, âgé de dix-sept ans seulement ainsi que je l'appris plus tard, de fermer son kiosque et l'emmenèrent à la salle de police pour l'interroger. Dans sa déposition, la femme affirmait qu'elle avait vu la main du garçon remuer de manière rythmée, caractéristique des onanistes ; elle « se souvenait » également de son expression concupiscente et qu'il avait peut-être même gémi en lui tendant son paquet de Polos. Le coup de grâce, ce furent ses mains poisseuses – détail accusateur qui figurait dans la déposition de la femme et fut confirmé par le surveillant qui l'avait surpris en train de s'essuyer les mains d'une façon suspecte.

L'interrogatoire du jeune homme dura près de trois heures. Je n'ai pas idée de ce qu'on lui demanda mais j'imagine qu'on lui posa sans relâche les mêmes questions. On avait convoqué son employeur. Le jeune finit par avouer. Il eut droit à une réprimande purement formelle des agents de police et son employeur le vira. Personne ne sut me dire son nom.

Même s'il est vulgaire, risqué et stupide de se masturber presque ouvertement durant l'heure de pointe matinale de la station du métro de Londres arrivant en seconde position au niveau de la fréquentation, ce garçon me fait de la peine. Et cette femme, dont la déposition a coûté son emploi à un étranger sous prétexte qu'elle ne supportait pas la monnaie poisseuse, m'inspire une franche hostilité. Les jeunes de dix-sept ans se masturbent quand ils s'ennuient. Vendre des journaux et des confiseries est rasoir. Heureusement, la plupart de ces jeunes se cachent pour ce faire – et c'est pourquoi vous ne les voyez pas se masturber partout où vous regardez.

78

Je me trouve au pied des escaliers roulants 1, 2 et 3, qui conduisent aux sorties Argyle Street. Il s'agit d'un endroit où se croisent cinq couloirs menant aux trois lignes qui se rejoignent à Oxford Circus. Comme cette aire circulaire possède huit « pattes », les cinq couloirs et les trois escalators, le personnel de la station l'appelle l'Araignée. Un matin, ayant remarqué un petit objet brun posé sur le sol au centre de l'Araignée, je me baissai pour le ramasser. C'était une araignée en caoutchouc, conçue pour ressembler à une tarentule ou une mygale, avec de longues pattes et des nodules en caoutchouc pour imiter ses « poils », qui devait être enfilée sur un élastique permettant de la faire sauter de haut en bas.

Je fis mon enquête mais personne n'avait perdu une araignée ni voulu, semble-t-il, faire une farce. C'était l'ignorance la plus complète. Je l'apportai au centre d'opérations et elle devint notre mascotte. Durant quelques jours, avant qu'elle ne disparaisse pour ne jamais revenir, elle se balança joyeusement derrière la vitre des renseignements.

L'Araignée est un bon emplacement pour observer le flot des voyageurs ; cela me fait toujours penser à Héraclite : On ne peut se baigner deux fois dans la même eau. Au cours de l'heure de pointe, quasiment personne ne s'approche pour poser une question. C'est un endroit où jusqu'à dix heures du matin, moment où débute la phase des touristes, vous ne vous fatiguez pas à travailler.

Chaque jour, une femme emprunte ce trajet et quand je suis là, je l'attends. Elle n'a rien de remarquable, si ce n'est son « chien ». Il a un poil tirant sur le roux, semble bien dressé et trotte au bout de sa laisse sans aucun problème. Quand ils arrivent en bas de l'escalator, elle laisse tomber la laisse, hoche la tête, ouvre les bras et le « chien » saute pour s'y installer. Le « chien » et sa maîtresse empruntent l'escalier roulant dans le sens de la montée, coincés entre deux autres voyageurs.

Un jour, comme elle hésite en cherchant sa carte de transport au fond de ses poches, je lui demande : « C'est un chien de quelle race ? Il est intelligent. » Elle me répond : « Ce n'est pas un mâle mais une femelle. Et ce n'est pas un chien mais une renarde. » Cet étrange chien était un renard apprivoisé.

Une autre femme voyage avec ce que j'ai pris pour le bébé le plus laid du monde bien que je ne lui aie jeté qu'un coup d'œil rapide au moment où elle passait devant moi. Le jour suivant, je me poste de manière à vérifier que le nourrisson diabolique n'est pas une hallucination. Je découvre qu'il s'agit d'un bébé chimpanzé portant un cardigan bleu pâle, un chapeau en laine de la même couleur et une couche. Impulsivement, je demande à la femme quel genre de couche elle utilise. « Huggies pour garçons », me répond-elle par-dessus son épaule avant d'être emportée par une marée de primates évolués à la recherche de leur ascendance.

79

Mon ami Wong Tsu est un fils d'immigrants. Durant son enfance, il a appris le chinois et l'anglais et parle cette langue avec un accent londonien. Il a un visage enfantin ainsi qu'une chevelure indisciplinée d'écolier qui semble toujours nécessiter un coup de peigne, en particulier lorsqu'il retire sa casquette. J'admirais beaucoup son dévouement pour ses parents : il était sur le point de leur acheter une maison où ils vivraient tous ensemble et je ne pense pas qu'il envisageait cette action comme un quelconque sacrifice ; pour lui, cela allait simplement de soi. Avant de travailler dans le métro, il avait exercé divers métiers au sujet desquels je ne l'avais jamais interrogé jusqu'au jour où il m'annonça qu'il avait travaillé dans un restaurant chinois. Il avait été chef de cuisine, chargé de la confection des *dim sum*.
« Pourquoi as-tu arrêté ? demandai-je.

– C'était très dur. Il faisait toujours trop chaud et j'étais mal payé.
– Il faisait trop chaud dans la cuisine, d'accord… mais ce n'est pas l'important. Sais-tu préparer le *char siu cheung fun* ? demandai-je. Son visage s'illumina.
– Tu connais le *cheung Fun* ?
– Bien sûr, répondis-je. J'ai passé une partie de mon adolescence à manger dans des restaurants chinois avec mon professeur de kung fu. »

80

Tout en nous occupant des affairés et des râleurs, des sans ticket et de ceux qui l'avaient perdu, durant près d'une heure ni Wong ni moi ne prêtâmes attention à ce qui se passait autour de nous. Nous avions échappé à l'ici et maintenant, nous étions sur une autre planète. Nous cuisinions. Il me fournissait en criant tous les détails de la préparation du *char siu cheung*, afin de me l'enseigner pas à pas. Pour ceux qui ne connaîtraient pas ce plat qui crée une étrange dépendance, je précise qu'il s'agit du porc mariné aux cinq épices présenté dans des rouleaux de farine de riz, une spécialité cantonnaise servie comme les *dim sum*, ou plaisir du cœur, des petits amuse-gueule cuits à la vapeur que l'on mange au petit déjeuner et au déjeuner.

81

Wong Tsu avait pris la mauvaise habitude d'arriver au travail avec très exactement huit minutes de retard et avait des difficultés avec un ou deux surveillants qui avaient décidé de le mettre au pas. Je lui demandai pourquoi ses arrivées tardives étaient aussi précises et m'étonnai qu'il fût incapable d'attraper le bus qui passait avant celui qu'il prenait habituellement. Comme il se contentait de hausser les épaules, je compris que son travail avait ainsi à ses yeux plus de charme que s'il était arrivé à l'heure. Il était un bon exemple de la façon de s'y prendre pour gâcher un bon matériau. A son arrivée, il était enthousiaste, aimable et serviable mais il avait été confronté à ceux qui profitent du système chaque fois que cela vaut la peine et s'en tirent si souvent qu'il est difficile de déduire qu'ils ont tort et ne doivent pas être imités. En outre, dans ce travail, il n'existait pas de moyens visibles de s'attirer des éloges ; si vous ne discutiez pas abondamment avec les surveillants, il était impossible d'avoir des relations avec eux – et de toute façon, Wong était trop jeune pour y parvenir.

82

Il est encore très tôt et je suis installé dans un café. Devant moi sur la table, un petit déjeuner cuisiné, ce que l'on appelle le petit déjeuner anglais traditionnel même si de nos jours quasiment plus personne n'a le temps de le manger, sauf pendant le week-end ou les vacances. A l'autre extrémité de la salle, un travailleur manuel, avec des vêtements portant des traces de peinture, boit son thé et aspire goulûment la fumée de sa cigarette tout en lisant le *Sun*. Je suis un fumeur mais l'idée de commencer ma journée en fumant me révolte. Pour moi, il s'agit d'une détente, d'un moment de repos, et qui songerait à se reposer juste après avoir émergé d'une nuit de sommeil ? Dehors, un homme âgé longe les baies vitrées du café. Il tient à la main une boîte ouverte de Tennent's Extra. Il boit une gorgée et continue sa route. J'ai beau être un buveur, la vue de cet homme me déprime et je réalise soudain que si j'avais aperçu la veille au soir le même homme en train de boire la gnôle préférée du clochard, je n'aurais pas réagi de la même manière.

83

J'aimais parcourir la station en regardant les affiches publicitaires. Lorsque j'en découvrais une nouvelle, il m'arrivait de ne pas la lire aussitôt, me réservant de le faire au moment où je serais victime d'une puissante attaque de sous-stimulation. Chaque fois que j'agissais ainsi, cela me rappelait l'histoire de ce naufragé sauvé grâce à la lecture de l'étiquette d'une boîte de haricots en conserve, qu'il avait décidé de ne pas consommer avant la date de son anniversaire (ou était-ce Noël ?), ce qui lui permit, n'ayant rien d'autre à lire, d'anticiper ce repas de roi des semaines à l'avance.

Parfois, quand j'étais d'humeur plus cynique, je jouais au jeu de la Vérité. Celui-ci consistait à regarder une publicité et à déterminer sur le champ si elle était en majeure partie vraie ou fausse. Marchant sur le quai en marmonnant : « Mensonge ; mensonge ; mensonge ; demi-vérité », je devais offrir un spectacle bien étrange. Ce jeu avait gagné ma vie à la maison : chaque fois qu'une publicité pour les mobiles ou les doubles vitrages interrompait un morceau de musique à la radio ou que la télévision proposait un spot publicitaire, je leur infligeais le même traitement. Mais quand j'étais chez moi, je criais : « *Allez vous faire voir avec vos mensonges ! !* »

84

Notre société vit-elle depuis une date récente sous la dépendance de la culture du faux ou cela a-t-il toujours été le cas ? Il existe des normes publicitaires destinées à protéger le public contre les affirmations mensongères, mais sont-elles réellement efficaces ? Grâce à la psychologie expérimentale nous savons que les jugements sont basés sur des associations, il est donc facile d'abuser de cette faculté de discernement. Il suffit d'associer une chose désirable à un produit pour créer l'idée fausse qu'en acquérant ce produit on possédera également la chose ou la situation désirée. Si vous buvez cette boisson, vous vous sentirez plein d'énergie et pourrez batifoler en riant dans la mer avec une femme magnifique. Utilisez cette crème de beauté, vous arrêterez la marche du temps et arriverez professionnellement tout en haut de l'échelle. Nous sommes tous capables de voir la technique des associations à l'œuvre, le problème étant qu'elle ne fait pas appel à la raison mais à un sens des choses ancré dans une autre réalité. Elle agit au niveau émotionnel, celui du moi enfantin, que la raison a recouvert de nombreuses strates, semblables aux pelures de l'oignon.

85

Une affiche publicitaire a été collée sur le mur le plus éloigné du quai, côté rail, afin que les voyageurs attendant une rame puissent bien la voir. Je m'en approche pour l'examiner. Elle montre un homme allongé sur un muret. Il fait beau, on est peut-être en été, il a donc enlevé la veste de son costume et roulé les manches de sa chemise. Il a également dénoué sa cravate. On aperçoit une serviette posée contre le muret. On en déduit qu'il s'agit d'une homme d'affaires ou alors comme le muret semble faire partie d'un campus (on se croirait à Bloomsbury, est-ce l'université de Londres ? Harvard ?), que cet homme est peut-être un étudiant de troisième cycle ou un maître assistant, ou même un jeune professeur particulièrement brillant. Il est beau, il porte des lunettes et a les yeux fermés. Compte tenu de la lumière et de l'orientation des ombres, on peut supposer qu'il est midi, qu'il a mangé, éventuellement un sandwich acheté dans les environs, et qu'il fait la sieste avant d'attaquer une après-midi chargée.

Un slogan est gravé dans le muret mais on ne peut en déchiffrer qu'un seul mot : « Liberté ». A en croire l'affiche, cet homme, pour une raison ou pour une autre, est libre. Libre en tout cas, malgré son costume et sa serviette, de faire une sieste, allongé sur un muret, en pleine ville par une belle journée. Est-il libéré de la crainte que sa serviette soit volée durant son sommeil ? De celle de dormir trop longtemps et de rater en conséquence un rendez-vous dont dépend son avenir immédiat ? Il est impossible de le dire.

Une bouteille d'eau Volvic géante est plaquée en bordure de l'affiche. Nous sommes censés croire qu'il existe un lien causal entre la bouteille d'eau que l'on boit et la liberté, l'été, le plaisir de faire la sieste, le fait d'être bien habillé, bel homme, de posséder une serviette de bonne qualité, de ne pas craindre les voleurs et de ne pas s'inquiéter des obligations quotidiennes. Pas d'une manière directe, bien entendu, mais grâce à des associations d'idées. Et comme nous désirons posséder toutes ces choses, n'est-il pas plus simple d'acheter une bouteille de Volvic et de la boire ?

86

Autre jour, autre mur. Voici ce qu'on pouvait y lire :

« Il fut un temps où nous étions tous libres.
Nous habitions la forêt, la montagne et l'océan.
Puis quelque chose arriva.
Nous sommes devenus des gens d'intérieur. Des gratte-papier,
des téléspectateurs, des noctambules.
Mais notre âme est restée là-bas. »

« Oh là là, pensai-je, c'est pour moi ! » Je poursuivis ma lecture et trouvai la réponse à la ligne suivante :

« Le textile GORE-TEX » peut transformer votre vie
et vous permettre de retourner à l'état de nature.

Troisième partie

Imbrications

IMBRIQUER – Disposer des choses (feuilles, écailles de poisson, etc.) de telle façon qu'elles se recouvrent partiellement, à la manière des tuiles d'un toit.

Concise Oxford Dictionary (9e édition)

1

Ayant réfléchi à ma vie dans le métro, j'en conclus que je devenais pessimiste. Même si le pessimisme est caractéristique de la culture anglaise, certains environnements semblent concentrer plus que d'autres le cynisme et la morosité. Mes collègues de travail n'avaient vraiment pas le moral et j'avais l'impression de succomber à cet état d'esprit. Il est impossible de résister d'une manière permanente, et même à court terme, aux atmosphères négatives. Et le moment était peut-être venu de partir, d'avoir une autre activité ?

En effectuant ce travail, je poursuivais plusieurs objectifs en même temps. La plupart des choses que nous accomplissons jour après jour possèdent des aspects multidimensionnels mais pour observer leurs différents côtés et la manière dont elles interagissent, il faudrait les « déballer », ce que nous faisons rarement. En conséquence, pour moi, à un niveau pratique, il s'agissait d'un travail à temps partiel. Cette expression est en soi significative. Bien qu'à mes yeux toutes les activités non ludiques soient de l'ordre du travail, la majeure partie de mes activités n'a aucune visée lucrative. N'étant pas un agriculteur en mesure d'assurer ma subsistance grâce à mon labeur, je dois donc trouver quelque part un revenu minimum. J'échange quatre heures de travail par jour contre la petite somme d'argent dont j'ai besoin. Il me reste largement du temps et de l'énergie pour faire d'autres choses.

2

A un autre niveau, j'expérimentais sur moi-même. Il s'agissait d'exercer une activité peu stimulante et peu motivante ; d'un moyen de soustraire une partie de mon esprit à sa tendance au roman et au drame. C'est en tout cas ce que je pensais dans un premier temps. En réalité, la plupart de mes journées comportaient leur part de surprises et de drames ordinaires. J'étais en train d'acquérir une perspective de connaisseur, concentrée sur un objet limité, dans mon cas, les mondanités de l'existence ordinaire.

3

Je travaillais sur ce que les philosophes nomment une grande idée : *le citadin est-il pris au piège et incapable de s'en rendre compte ?* Cette question renvoyait à une conception plus large de la liberté et au concept douteux du libre arbitre dans les sociétés contemporaines. Je m'intéressais aux hypothèses que nous émettons au sujet de notre vie. Il ne s'agissait ni de mépriser, ni d'éprouver un quelconque sentiment de supériorité, mais de comprendre. La réflexion prépare à la vie et ne s'y substitue pas. J'avais donc besoin et d'une orientation et d'expériences.

4

C'était également un travail honnête. Si quelqu'un me demandait comment se rendre à tel endroit et que je le savais ou pouvais le découvrir, je lui venais en aide sans arrière-pensées. Un grand nombre d'activités commerciales reposent sur une forme ou sur une autre de malhonnêteté. Elles emploient la force et la persuasion pour convaincre que les marchandises ou les services offerts sont nécessaires et utiles, ce qui est souvent tout à fait discutable. Pour cette raison, dans le Japon féodal, les marchands occupaient un rang inférieur à celui des artisans. Nous avons au contraire énormément privilégié la forme par rapport au contenu. Nos icônes culturelles ne fournissent aucun modèle et sont dans bien des cas d'excellents exemples de la manière dont il ne faut pas se comporter.

5

Comment un homme qui veut être honnête peut-il gagner sa vie ? Voilà une question qui me concerne au premier chef. Pour réfléchir à ce dilemne, on peut choisir comme point de départ l'aveuglement : je sais que la tondeuse à gazon que je vends ne vaut rien mais au moins, elle coupe l'herbe. N'est-ce pas suffisant ? *Caveat emptor*. Cette attitude est-elle préférable à l'incapacité de voir ce que l'on fait effectivement ? Il semble nécessaire d'effectuer un léger panoramique : personne n'a l'intention de vendre des tondeuses à gazon ou d'être podologue, aussi utiles ou nécessaires soient ces activités. C'est l'histoire de la grenouille bouillie.

La grenouille bouillie était ma leçon de choses préférée et elle me vient toujours à l'esprit. Dans le but de repousser les limites de la science, les scientifiques ont découvert que le système nerveux des grenouilles était mal adapté à l'enregistrement des changements de température lents et progressifs – le terme savant étant : *poïkilothermie*. En conséquence, si vous placez une grenouille dans une poêle remplie d'eau et la faites chauffer lentement, la malheureuse ne va pas bouger et périr bouillie.

Nous devenons podologues ou vendeurs de tondeuses à gazon à travers une série de « choix » imperceptibles et quand nous réalisons ce que nous avons fait, nous sommes cuits.

6

Vous n'êtes pas un homme, vous êtes une machine.

G.B. Shaw

Mais contrairement à l'infortunée grenouille nous pouvons éviter de finir ainsi. Tant que vous ne vous êtes pas créé toutes sortes d'obligations, vous êtes libre de changer. Et même si vous avez des obligations, vous pouvez évoluer, cela vous demandera seulement quelques efforts supplémentaires... Personne ne peut prétendre ignorer que son mode de vie a des conséquences sur sa capacité à percevoir la réalité, à penser et sentir comme un être humain plutôt que comme une machine conçue pour satisfaire des « besoins » créés de toutes pièces et habilement présentés. Cependant, plus vous consacrez de temps à une activité, plus elle aura sur vous des répercussions significatives. Dites-moi à quoi cet homme passe son temps et je vous dirai qui il est. Choisir un travail en ayant cela en tête semble une approche judicieuse.

Ma décision de travailler dans le métro de Londres était basée sur plusieurs hypothèses rassurantes. Il s'agissait d'un emploi temporaire. Je n'avais nullement l'intention d'y travailler jusqu'à la fin de mes jours. J'étais un visiteur – et même un touriste ou une sorte d'espion. Cette activité n'avait rien à voir ni avec l'image que j'avais de moi-même ni avec ce à quoi je m'occupais effectivement. Mon autre « travail » était beaucoup plus important. Non pas un emploi à temps partiel mais travailler sur soi-même. C'est pourquoi personne ne pouvait deviner ce que je faisais.

7

Dans leurs articles, les journalistes culturels présentent le XXIe siècle comme une époque de prospérité croissante, caractérisée néanmoins par une augmentation du stress et une diminution du bonheur individuel. J'ai découvert sur Internet une publicité pour un service bancaire dont la clientèle cible était « Riche financièrement mais pauvre en temps ». On peut être à la fois stupide et intelligent. Bien installé et désireux de partir.

8

Avançons-nous sur des rails ou sommes-nous libres ? Cette question m'obsède. Suis-je un train ? Qui décide de la destination des voies ? Puis-je me mouvoir par mes propres moyens, en faisant appel à ma propre énergie ?

9

« La liberté est synonyme de responsabilité. C'est pourquoi la majorité des hommes la redoute. »

G.B. Shaw

Le commentaire d'un couturier sur son dernier parfum qu'il a appelé « Liberté ».

« Il est normal que l'on emploie pour un parfum le concept de LIBERTE car cette dernière représente la véritable essence de l'individualité et la capacité du choix personnel, dit Tommy Hilfiger. Un parfum réagit différemment sur chaque personnc, au même titre que la liberté a une signification différente pour chacun. »

Si je braque un pistolet sur vous en vous demandant de faire quelque chose et que vous vous exécutez, à un certain niveau vous choisissez d'obéir à mes exigences. Mais à un autre niveau, vous agissez sous la contrainte d'une menace de violence. Cependant, si vous êtes un croyant qui ne craint pas la mort, on peut envisager que dans de telles circonstances cette menace sera vide de sens et qu'il s'agira effectivement d'un choix. Il existe de nombreuses possibilités différentes – mais ce n'est qu'en prenant conscience des forces à l'œuvre dans chaque situation, l'équivalent dans mon exemple du pistolet braqué, de ces forces qui représentent une contrainte, une abolition de la volonté, que l'on peut commencer à comprendre ce que signifie être libre.

10

Mes aventures dans le métro représentèrent une part importante de mon éducation permanente. Un type d'étude différent. Un cours de vie réelle.

11

On nous enseigne que nous sommes libres de nos choix. C'est ainsi que nous sommes éduqués. Tous les gouvernements sont très attachés au concept d'éducation et s'efforcent d'imposer leur propre version d'un programme scolaire minimal afin de maintenir le progrès social et économique. Mais cela va de pair avec un processus inaperçu au cours duquel la diversité et la pensée originale sont pénalisées et privées de débouchés adaptés. Au XIXe siècle, dans son livre intitulé *La Liberté*, John Stuart Mill s'inquiétait déjà à ce sujet :

« L'enseignement général public est un simple stratagème pour modeler les gens dans le but de les rendre identiques : et comme le moule à l'intérieur duquel on les coule est celui qui convient au pouvoir en place (...) cette éducation, compte tenu de son efficacité et de sa réussite, implique un despotisme sur l'esprit et en conséquence, tout naturellement, sur le corps. »

Aucune personne sensée ne rejettera le concept d'éducation. Mais je suis tenu de m'écarter de l'orthodoxie d'une telle position en ce qui concerne la tendance des gouvernements à proposer toujours plus d'éducation standardisée (comme si l'on raisonnait en termes de quantité) ; je veux moins d'éducation, et de celle qui privilégie la diversité et la souplesse.

En Grande-Bretagne, la scolarité est obligatoire durant grosso modo onze ans et au cours de cette période, elle constitue plus ou moins une activité à temps complet. Il faut reconnaître que malgré toutes ces années et ces efforts consacrés à l'étude, malgré le dévouement et les compétences de nombreux enseignants, les résultats sont, pour le moins, décevants. On jugerait pour le moins étonnant, par exemple, qu'un enfant allant dans une école de musique, comme l'école Menuhin, soit incapable de jouer un seul instrument. Mais nous ne nous étonnons pas que les diplômés de l'enseignement général affrontent le monde sans savoir grand-chose d'eux-mêmes ou de qui que ce soit d'autre.

12

Une approche radicale de l'éducation exige une compréhension correcte du problème mais également de ce qui a été tenté jusqu'à présent. Notre scolarité obligatoire n'est qu'une prise en charge déguisée des enfants, une manière de les parquer sans risque pour qu'ils ne soient plus dans les jambes des parents et que ceux-ci puissent exercer leur fonction économique. Voilà le but principal, prodiguer un enseignement digne d'intérêt est secondaire. Ce but est partiellement atteint – en dépit du fait que l'on enregistre un nombre toujours croissant de cas de folie ou de jeunes dont le comportement débouche sur une exclusion du système.

La logistique économique et structurelle des prisons devrait avoir bien peu de points communs avec celle mise en application avec succès à l'école. La prison tend à constituer également un environnement obligatoire, où l'on est enfermé durant une période de temps déterminée, avant d'être éventuellement relâché. Historiquement, les véritables écoles ont toujours été des institutions où les candidats étaient désireux d'apprendre et avaient surmonté la difficulté d'un examen d'entrée. L'accès à une école digne de ce nom est basé sur la capacité et le désir d'apprendre.

13

Confronté à n'importe quelle accusation d'élitisme, je plaide coupable : l'éducation est une activité destinée à façonner une élite, mais sa plus haute réussite consiste à produire des serviteurs plutôt que des maîtres. Ceux qui possèdent des capacités élevées comprennent que les deux se complètent et qu'en conséquence, ils doivent exercer leur fonction au bénéfice de ceux qui manquent de compétences et d'aptitudes et non en vue d'un gain personnel. Notre société est axée sur l'idée que l'on étudie pour en tirer un bénéfice personnel.

14

Partant du fait que la formation dispensée par le métro de Londres est un bon exemple de ce que propose en général l'industrie, est-il exagéré de la qualifier de frauduleuse ?

Le grand classeur blanc que l'on m'a remis le premier jour au centre de formation portait, imprimé tout en haut en grandes lettres bleues, le slogan suivant : « Se former pour réussir ». Mais que signifiait la réussite dans ce contexte et que supposait une formation réussie ? L'objectif consistait sans doute à transmettre des faits, une information sur des sujets techniques intéressant le travail qui allait nous être confié, des trucs utiles. Une telle transmission suppose, j'imagine, que nous allons mémoriser ces choses utiles et faire appel à notre mémoire chaque fois que nous en aurons besoin. Penser que nous allions retenir tout cela me sembla éminemment suspect.

Aussitôt après avoir étudié les sujets sur lesquels allait porter l'évaluation, nous passions un test. En dépit du volume important de matériaux à mémoriser, le test proposé faisait appel à la mémoire passive à travers un questionnaire à choix multiples. Tous ceux qui désirent transmettre un savoir ne tiennent pas la mémoire passive à court terme en haute estime. Les choses utiles que l'on nous enseignait allaient pour la plupart être oubliées au bout de quatre ou cinq jours.

15

Lorsqu'il s'agit d'acquérir de nouvelles connaissances, l'étude théorique est rarement la meilleure approche. Mieux vaut de loin apprendre par la pratique, sous la surveillance d'un spécialiste, et approfondir ensuite en étudiant la théorie afin de replacer les connaissances pratiques acquises dans leur contexte. L'acquisition des langues, par exemple, est plus rapide quand elle passe d'abord par l'oreille, sans faire appel aux matériaux de la langue écrite et aux livres de grammaire. On pourrait, en outre, enseigner autre chose au cours de l'apprentissage de la langue étrangère afin d'éviter que l'attention se concentre sur le mot à mot.

De nos jours, la majorité des apprentissages sont institutionnalisés et les études ont pour but de réussir un examen. Cela convient aux systèmes d'apprentissage basés sur l'information mais n'est pas adapté à l'acquisition des aptitudes pratiques. Le système des examens et les apprentissages qui surchargent la mémoire sont un héritage des procédés monastiques de la fin du Moyen Age, une époque où les livres étaient rares et de grande valeur, où leur mémorisation représentait une mesure de sécurité logique et où la connaissance était censée venir de Dieu. Ceux qui possédaient une bonne mémoire étaient encouragés et triés sur le volet grâce à des examens. Apprendre par cœur et avoir une bonne mémoire suffisaient pour briller.

16

Il n'y a pas si longtemps, tous les apprentissages n'étaient pas sanctionnés par un examen. Dans le cadre des métiers artisanaux et de ceux qui s'appuyaient sur des procédures complexes assimilables à celles de l'artisanat, la transmission ne suivait pas ce type d'approche mais celle du contrat maître/apprenti.

A la station Oxford Circus, je sus rapidement quels surveillants possédaient ce petit plus dénotant la totale maîtrise d'un environnement. Je me joignis à eux, les observai et les imitai dans chaque tâche, bien décidé à m'approprier leurs aptitudes.

Le système maître/apprentis suppose que quelque chose de quasi mystique ne peut être transmis qu'à travers l'état de disciple, une chose qui n'est pas enseignée mais que l'on doit saisir, en fréquentant le plus compétent. Ce système encourage l'observation silencieuse et l'apprentissage à travers des tâches effectuées sans savoir à quoi elles sont destinées. Cirer, retirer la cire n'avait sans doute pas de sens au début pour Karate Kid mais nous étions tous convaincus que M. Miyagi savait ce qu'il faisait.

Cette méthode d'apprentissage ne fait pas appel à l'analyse, elle repose sur la confiance et la certitude que l'on étudie auprès de quelqu'un qui incarne ce que l'on désire devenir. La matière étudiée et l'homme sont liés, ils doivent être envisagés comme un tout : l'élément humain est considéré comme une clef et non uniquement comme l'un des nombreux moyens permettant d'engranger l'information et de la rechercher. Cette méthode s'est avérée efficace en particulier à cause de son côté dynamique, de sa capacité à insister sur certains points afin d'équilibrer les difficultés individuelles de l'élève. Il s'agit d'un procédé sur mesure, non d'un moyen tout fait pour dispenser un semi-enseignement à des ignorants et les féliciter pour leur capacité à bachoter, régurgiter et oublier.

17

Nous nous sommes plongés si rapidement dans les détails et les complexités de nos études que nous avons oublié la question primordiale : *Que signifie savoir quelque chose ?* Quelle méthode d'apprentissage permet d'accéder à un tel savoir ? Si nous réussissons un examen dans telle matière sommes-nous censés la posséder ? L'accès universel à l'éducation, tel que nous l'envisageons habituellement, n'a pas entraîné comme prévu une plus grande liberté dans les apprentissages mais a créé une génération d'ignorants savants.

18

Le problème de cet enseignement exemplaire maître/apprenti, c'est qu'il n'y a pas suffisamment de professeurs capables de l'assurer. L'éducation de masse tente de réaliser l'irréalisable : les peu doués enseignant aux non-consentants. Les résultats sont visibles partout autour de nous et nous serions peut-être mieux en mesure de poser les bonnes questions si nous commencions par admettre – comme j'y ai déjà fait allusion – que dans bien des cas, la scolarité a avant tout pour but de parquer les enfants au profit des parents et de la société dans son ensemble. L'école en tant que prison, ou comme moyen institutionnalisé d'exercer une autorité *in loco parentis*, afin de libérer les parents et de leur permettre d'accomplir d'autres tâches.

19

Les Japonais témoignent d'une grande confiance dans l'institution maître/élève. Non seulement elle existe mais elle est soutenue à tous les niveaux de la société. Au Japon, les aptitudes manuelles sont considérées comme des biens culturels intangibles et les artisans dans certains cas comme des trésors nationaux vivants. Des gens ordinaires travaillent d'arrache-pied durant des années pour apprendre à servir le thé selon un cérémonial vieux de quatre cents ans ou pour acquérir une belle calligraphie, sans que l'on se moque d'eux, bien au contraire – en Occident, en revanche, qui s'intéresse encore à l'écriture mis à part quelques rares calligraphes et graphologues ?

Mais ne peut-on arguer que suivre et imiter un maître est de la servilité, que cela risque de supprimer la créativité et de gommer l'individualité ? Au Japon cette question est posée à travers un concept parfois appelé « préserver, rompre et se séparer » ou *shu-ha-ri*, ce qui correspond à la lecture des caractères qui composent cette phrase en japonais (*mamoru, yabureru, hanareru*). *Shu-ha-ri* décrit les différents stades du système de l'apprenti. D'abord, maîtriser par l'imitation précise (*shu*) ; puis comprendre pourquoi le maître agit comme il le fait par une mise à l'épreuve des limites et une expérimentation des « règles » (*ha*) ; et finalement se détacher et accomplir sa propre tâche, mais de telle manière que chaque expression incarne l'essence même de ce que l'on a appris, sans plus faire appel à la forme (*ri*).

20

On peut faire grief à l'étude théorique basée sur les mots ou à l'étude représentative utilisant d'autres moyens de synthétiser le sens, comme celle des mathématiques, de confondre représentation et réalité – *contenant et contenu* – et de ne fournir aucun moyen fiable de reconnaître cette lacune quand on y est confronté dans la vie réelle et qu'elle acquiert alors toute son importance. Réfléchissez à ce qui suit : je regarde une pièce dont l'un des acteurs joue avec conviction le rôle d'un chirurgien. Je suis si bien absorbé par le drame que j'en oublie qu'il s'agit d'une pièce et m'inquiète pour le patient charcuté par le scalpel du chirurgien ; et pourtant ce scalpel n'est qu'un accessoire de théâtre inoffensif, il ne s'agit pas d'une véritable opération, le patient n'est pas malade, et si j'avais soudain besoin d'être opéré, je ne choisirais pas ce chirurgien-là. Pourquoi cet oubli ? Parce que, dans cet exemple, la frontière entre représentation et réalité peut être franchie à volonté.

21

Nous ne possédons réellement que ce qui pourrait être sauvé d'un naufrage. Pas des choses. Jamais des choses. Mais plutôt des compétences. Au lieu de viser l'accumulation de simples informations, l'éducation devrait induire une diversité de compétences et d'aptitudes. L'une de ces compétences, au sens large du terme, serait le sens de la découverte : comment étudier et comment conduire une recherche ; comment reconnaître un savoir majeur et le différencier des connaissances de moindre valeur. Ce qui amènerait à fournir des informations uniquement lorsqu'elles sont nécessaires. On ne peut acquérir des compétences qu'auprès de ceux qui les possèdent véritablement et les ont suffisamment approfondies pour savoir comment ils en sont arrivés là. A l'instar des guides, ils peuvent alors conduire les autres sur les chemins qu'ils ont eux-mêmes empruntés.

22

Même si faire des découvertes représente un moyen amusant de passer le temps, cette activité devrait logiquement déboucher sur des applications pratiques. A quoi sert de savoir quelque chose si on n'en a pas l'usage ? Cette objection, aussi sensée soit-elle, est amenée à disparaître. Nous cherchons à faire des découvertes dans le but de résoudre un problème précis et non pour le simple plaisir. En encourageant l'aptitude à envisager les systèmes à la fois en tant qu'unités opérationnelles globales et en tant que suites de détails, il deviendrait possible de développer le sens de la réalité, lequel est généralement enterré sous des milliers de points de vue sans rapport entre eux.

23

Tout ce qui précède concerne les apprentissages à travers un contact humain. Mais qu'en est-il de l'auto-éducation ? Des livres et d'Internet ?

Je lis beaucoup. Je poursuis une proie insaisissable, qui ne peut être que pressentie, suggérée, dont je suis incapable de préciser la nature. Les livres que je recherche possèdent une qualité que la langue anglaise, faute de mots, ne permet pas d'exprimer. Il existe dans d'autres langues des termes capables d'exprimer ce concept mais je ne suis pas certain qu'ils nous aideraient et comme ils sont chargés d'associations malvenues, je ne les emploierai pas car il est plus grave d'introduire la confusion dans les esprits que d'éveiller un léger sentiment de curiosité.

Je peux suggérer ce que j'entends par là en expliquant que si par hasard je m'intéresse à, disons, la plomberie, je vais commencer par cerner le sujet et essayer de déterminer s'il existe un livre de grande valeur ; un ouvrage considéré comme qualitativement différent de tous les autres. Les livres de ce genre existent bien souvent. Et ce sont ceux-là que je lis. Ils vont toujours au-delà des mots imprimés. Ils transmettent au lecteur quelque chose d'autre, et c'est ce que je recherche. Les sujets abordés ne concernent pas directement mon activité mais sont d'une époustouflante diversité.

24

Est-il possible de trop lire ? La lecture peut-elle devenir une compulsion ? Il existe de nombreux problèmes associés à la lecture compulsive. Comme toutes les obsessions, ce type de lecture tend à prendre trop de place dans votre vie et au fur et à mesure de son accroissement, à remplir tous les espaces supplémentaires dès qu'ils sont disponibles. Un renoncement s'impose et il faut recourir à d'autres activités, se les imposer si nécessaire, afin que la compulsion prenne des proportions raisonnables. L'obsession de la lecture doit être une dépendance contrôlée.

25

L'un des problèmes liés à cette attitude, c'est de croire dur comme fer que toute la connaissance vient des livres ou s'y trouve. Il n'en est pas ainsi, bien entendu – en réalité la connaissance livresque est, en majeure partie, *lumière*. J'entends par là qu'elle rentre facilement mais est difficilement absorbée et retenue afin de transformer le lecteur. Généralement, on lit, puis on oublie. Voilà pourquoi il existe une école de pensée qui recommande non pas de lire beaucoup, mais la lecture approfondie d'un nombre limité de textes que l'on s'approprie complètement, qui deviennent de ce fait la propriété du lecteur et dont il peut se souvenir à volonté. Les religions révélées qui ont un livre sacré choisissent pour la plupart cette approche. Apprendre par cœur de la poésie ou des textes classiques est de même nature.

26

En outre, lire la description d'une expérience, aussi précise et complète soit-elle, n'équivaut pas à faire soi-même cette expérience. Cela revient à essayer de comprendre une tempête, par exemple, en prenant un bain à remous. Peut-être est-ce lié, dans un certain sens, à l'expérience originelle mais cela ne suffit pas à évoquer le registre des réponses multidimensionnelles qui accompagnent toujours l'expérience vécue.

27

A cause de mon travail à la station Oxford Circus, il m'était impossible de lire durant quatre heures chaque matin. Bien entendu, cela me fournissait l'occasion de penser – et chaque jour je réfléchissais et composais dans ma tête de très longs dialogues tout en arpentant le quai dans un sens puis dans l'autre ou en montant et en descendant les escaliers roulants.

28

La pensée est-elle une faculté acquise ou innée ? Il y a ceux qui, comme Edward de Bono, ont fait carrière en prétendant que quasiment personne ne réfléchit – et il est facile de voir ce qu'ils entendent par là. La rapidité de la vie en ville est telle qu'en général notre esprit est rempli d'un flot d'impressions sensorielles si large et si continu que nous n'avons pas le temps de les traiter – oui ou non, entrée et sortie – si bien que nos processus mentaux sont pour la plupart machinaux et ne peuvent bénéficier du rythme plus lent de la réflexion. Il n'y a ni temps ni place dans l'esprit pour ce faire.

29

Nous avons besoin de créer un espace. Une place dans l'esprit destinée à la recherche de la vérité et permettant de rester constamment à l'affût des subtilités et nuances du sens et même des idées confuses, puisque la contradiction apparente des opposés est simultanément vraie. On se retrouve dans le cas où moins on en fait mieux cela vaut. Grâce à la marche et à une activité professionnelle qui exigeait peu de moi, dès que je sus quoi faire, j'ai commencé à dégager d'une manière quasi accidentelle un espace pour une réflexion sérieuse. J'ai nettoyé de fond en comble un paysage mental sclérosé et redécouvert en partie ce que j'avais imparfaitement compris de mes aventures passées. Comme chacun d'entre nous, même si nous ne parvenons pas tous à cette prise de conscience, je n'avais pas digéré nombre de mes expériences et dans ce sens, on pouvait presque dire que je ne les avais pas vécues.

30

Se hâter ne signifie pas seulement une accélération du mouvement mais renvoie à un état d'esprit. Dans le métro, presque tout le monde était pressé. Pour tirer des leçons importantes de la vie, celle-ci doit être simplifiée et son rythme, ralenti. Lorsque l'on est pressé, c'est impossible.

31

Ainsi, une expérience ne peut être résumée à ce qui vous arrive. Votre état d'esprit au cours de l'expérience déterminera sa valeur durable. J'emploie le terme « événement » pour décrire ce qui nous advient mais n'a pas de valeur durable. Les expériences sont des événements auxquels nous sommes préparés et qui peuvent être digérés et compris. Les expériences vous transforment. Les événements ne vous font aucun effet et sont facilement oubliés. La plupart des choses qui nous arrivent quotidiennement entrent dans cette dernière catégorie.

32

Ceux d'entre nous qui ne sont pas préparés aux événements de leur vie ou ne les digèrent pas, ne font-ils pas d'expérience et restent-ils à jamais semblables à eux-mêmes ? Au fond, ce qui différencie les vivants des morts c'est la capacité des premiers à transformer la conscience, à travers les expériences de la vie, en toute connaissance de cause. Si vous vous mettez à accuser les soi-disant vivants d'être morts, vous allez vous attirer des ennuis ! Cela rend les gens nerveux et ils ne peuvent s'empêcher de se demander s'ils ne vont pas découvrir qu'ils sont morts eux aussi !

33

Bien des gens semblent penser qu'Internet peut servir à modifier l'éducation, mais est-ce le cas ? Pour les sociétés modernes, leurs gouvernements ou leurs prétendus dirigeants, Internet a de nombreuses implications. Mais dans le domaine de l'éducation, il repose sur un présupposé inexact : que plus d'information entraînera de meilleurs apprentissages. Ou encore que si l'éducation devient un jeu, l'envie d'apprendre augmentera. Aucune de ces hypothèses n'est vraie. La plupart des établissements scolaires possèdent une bibliothèque. Combien d'élèves ont lu tous les livres qu'elle contient et demandent encore plus d'informations ?

34

Est-ce un mal que de s'amuser lorsqu'on étudie ? Oui, quand l'amusement prend la place de l'apprentissage.

35

Ne faut-il pas voir là une simple manifestation du besoin d'être heureux ? A la question : « Qu'attendez-vous de la vie ? », nous serions peut-être nombreux à répondre : parvenir au bonheur. Cependant, le bonheur en tant qu'état n'a de sens que par rapport à son contraire. Si le malheur n'existait pas, nous n'aurions pas conscience d'être heureux. Et pourtant, combien d'entre nous acceptent que la souffrance soit liée à la capacité de se sentir heureux et l'accueillent à bras ouverts ? En outre, le bonheur est un état éphémère qui connaît des hauts et des bas et des degrés variés d'intensité. Nous devons donc reformuler notre souhait ainsi : « J'aimerais être aussi heureux que possible, aussi souvent que possible durant toute ma vie », en précisant éventuellement les conditions ou les circonstances en rapport avec notre conception subjective du bonheur – telles que santé, richesse, amour, etc.

36

Pourquoi ne pas laisser de côté un état aussi contrasté que le bonheur et tenter de trouver un concept universel et invariable capable d'éclairer notre vie. A mon avis, la recherche du sens représenterait un but mieux approprié. Je l'exprime d'une façon axiomatique : « Le sens de la vie est la recherche du sens. » Cette orientation devrait rendre compréhensibles les états éphémères et contrastés et en épuiser la signification. Traitez tout ce que vous rencontrez, toutes les situations, comme un enseignement et vous serez perpétuellement fasciné par votre vie. Même l'ennui peut être intéressant si vous l'observez de près et si vous vous demandez ce qui vous arrive réellement. Le sens est, d'une certaine façon, le produit d'une opération de la conscience. C'est un état productif alors que nous sommes dressés à nous laisser aller à des états de consommation, à nous comporter plutôt comme des consommateurs que comme des producteurs.

37

Pour vivre au mieux, il faut que toutes sortes de choses soient équilibrées. Un sujet mérite tout particulièrement réflexion, celui de l'énergie. Au même titre que l'air que nous respirons, nous avons tendance à penser à l'énergie uniquement quand elle vient à manquer, qu'elle baisse, doit être réduite et exige qu'on se batte pour la retrouver. Une maladie moderne, le syndrome de la fatigue post-virale, que l'on a longtemps cru d'origine psychosomatique, est caractérisée par un manque débilitant d'énergie et il existe d'autres états sans doute engendrés par une énergie mal gérée, entraînant des déséquilibres chroniques et finalement une maladie. Qui apparaît en premier, la faible énergie ou le virus, lequel, une fois là, maintient cet état ?

38

Il n'est pas très raisonnable de ne tenir aucun compte des effets de notre environnement, comme les mineurs refusant de porter un masque sous prétexte que cela les gêne. Nous travaillons dans des bureaux et des usines pollués par des produits chimiques et du matériel électronique. Nous voyageons dans des tunnels où circule un air irrespirable.

39

Chaque fois que nous faisons quelque chose, nous sommes soit en « mode production » soit en « mode consommation ». Je ne parle pas là des aspects physiologiques du métabolisme alimentaire, mais d'une dimension plus métaphysique. Dans ce sens, deux situations apparemment identiques peuvent être de nature opposée. L'une peut être productive, l'autre consommatoire. Les différencier repose sur la capacité de déterminer leurs effets réels.

40

Prenons l'exemple d'un dîner dont les convives appartiennent à la classe moyenne et se connaissent presque tous. Peut-être y a-t-il un ou deux nouveaux venus ; et autant de femmes que d'hommes. Il y a de grandes chances que l'on assiste à une joute pour établir sa domination, en particulier entre les hommes. Comme lorsque des poulets sont rassemblés pour la première fois dans un même espace, un ordre de préséance doit être établi. La façon dont cela va se passer peut varier et faire appel à des stratégies civilisées et de bon ton au niveau de la conversation plutôt qu'à de grossières agressions. Mais à moins que quelqu'un s'emploie activement à l'empêcher – rôle souvent dévolu aux femmes présentes – cette tendance à établir une hiérarchie à travers la compétition fonctionne comme un défaut s'inscrivant dans un modèle universel de comportement.

Erigé en habitude, ce comportement pose un problème car il enclenche inévitablement une consommation de satisfactions. Je fais de l'esprit et je consomme le plaisir qu'a provoqué chez vous ma remarque. Dans ces situations, les ego sont si fortement engagés que la possibilité d'une communication *réelle* ou *sincère*, c'est-à-dire d'un effet productif, est très réduite. Pour qu'un effort productif ait lieu, l'esprit de compétition doit être suspendu temporairement – et cela ne peut arriver que grâce à l'intervention de quelqu'un qui connaît à la fois la nature de cet effort productif et la manière de le déclencher dans n'importe quel type de circonstances (ces dernières dépendant de trois facteurs : le bon moment, le bon groupe et la situation adéquate). Il faut établir que ces échanges n'entraîneront aucune récompense. Chacun doit espérer *sincèrement* apprendre quelque chose de *réel*.

41

Chaque jour, une multitude envahit les tunnels du métro et pourtant, tous ces gens sont séparés les uns des autres. « Ne visez que le rapprochement », dit E.M. Forster. « Ne visez que la séparation », réplique la foule des villes. Il faut que nous apprenions à prendre le risque de partager. Pour des êtres sociaux, la séparation est une forme de mort.

42

Qui que vous soyez, vous avez participé au cours de votre vie à une configuration d'expériences ; si vous les partagez avec moi, et que j'y ajoute éventuellement mes propres expériences – lesquelles, rappelons-le, ne sont ni des opinions, ni des lectures ou autres activités du même genre – nous pouvons accroître tous les deux nos connaissances. Cela peut entraîner un résultat, un produit, dont nous allons bénéficier tous deux. Pour y parvenir, nous avons besoin l'un de l'autre et peut-être allons-nous de cette manière réaliser quelque chose de qualitativement différent de ce que nous aurions accompli en agissant seuls.

43

Vous pensez peut-être que j'énonce des évidences. Que de tels propos ne sont que des banalités. Durant près de dix ans passés à chercher l'émergence *spontanée* de ce genre de choses, je ne l'ai observée qu'à trois reprises.

44

Il faudrait prendre en compte les questions implicites qui nous trottent dans la tête au cours de nos relations à autrui. Nous pouvons comprendre et expliquer un grand nombre des motivations sous-jacentes et généralement cachées de notre comportement en nous en tenant à deux questions. La première, « Est-ce que j'existe », entraîne la seconde, « Mon existence a-t-elle de l'importance ? ».

Nous sommes en permanence attelés à la tâche de confirmer et d'accroître la perception que notre vie a un sens et une valeur existentiels. Normalement, cette tâche s'effectue sous la forme d'une auto-évaluation par comparaison. Quand elle n'est pas maîtrisée par la réflexion, elle peut facilement devenir un maître tyrannique : Je suis plus intelligent, plus attirant, plus riche que vous, et je peux donc revendiquer au premier chef que j'existe significativement plus que vous et ai plus d'importance. Sans conteste, mon existence est plus importante à mes yeux qu'à ceux de qui que ce soit d'autre, mais ce n'est pas suffisant pour qu'une déformation inconsciente m'amène à en déduire que « mon existence est plus importante que celle des autres ». Et pourtant, c'est ainsi que nous agissons dans les domaines où il est le plus aisé de vendre son image : le cerveau, le corps, le mode de vie et la santé.

45

Celui qui a, semble-t-il, une mauvaise opinion de lui-même a tendance à répondre par la négative à ces interrogations inconscientes – et a donc l'impression d'être un fantôme et d'avoir bien peu d'importance, si ce n'est aucune. Cela entraîne le désir, quasiment le réflexe, de s'affirmer afin de cacher ce sentiment gênant de non-existence.

46

Le fait de douter ainsi de soi-même est un bon exemple de la fausseté essentielle de la personnalité d'emprunt que nous sommes tenus d'habiter. Cette personnalité est en grande partie un composite accidentel qui peut être comparé à une immense poubelle à l'intérieur de laquelle une suite plutôt aléatoire de « visiteurs » – personnes rencontrées dans la vie, choses lues et observées – ont jeté des impressions. Certaines de ces impressions se sont décomposées, d'autres, semblables au polystyrène, ont résisté à l'effet du compostage et restent inchangées au fond de la personnalité poubelle.

47

Lorsque nous rencontrons quelqu'un et entrons en relation avec lui, nous nous installons à côté de notre poubelle et farfouillons dedans pour montrer ce qu'elle contient. Cette opération dégage une odeur précise, agréable ou fétide, en fonction de la nature de la couche la plus proche de la surface ainsi que du contenu général du récipient. Le moi véritable, le propriétaire de la poubelle dans mon analogie, n'a qu'une vague existence et se souvient qu'il ne peut pas être assimilé au contenu de sa poubelle. Et pourtant, le propriétaire se sent obligé de montrer ce que contient la poubelle, étant incapable de réaliser qu'une vie plus riche et significative existe loin de la boîte à ordures.

48

Finalement, exhiber sa personnalité poubelle n'est pas satisfaisant, pas plus que ne le serait le fait de montrer aux invités ses ordures. Cela peut indiquer où vous êtes allé, ce que vous avez consommé, mais pas véritablement qui vous êtes. Certaines méthodes de soi-disant perfectionnement personnel et même certaines approches religieuses agissent sur leurs adeptes en renforçant un mécanisme qui permet de vider graduellement ou soudainement la poubelle. A moins qu'ils empêchent également l'attention de s'obnubiler sur le contenu de la poubelle, en lui proposant quelque chose de plus satisfaisant – dans l'idéal, une communication véritable entre propriétaires de poubelle – il s'ensuivra une crise du type : « ma poubelle est vide, je n'existe pas ». Ce qui conduit à l'expérience du nihilisme, à croire qu'il n'y a pas de réalité et que nous ne sommes rien d'autre que des ordures. Enlevez cela, et il ne reste plus rien. On ne s'étonnera pas qu'une telle situation débouche fréquemment sur un effondrement mental et une incapacité à fonctionner correctement dans un milieu ordinaire.

49

La sincérité consiste à passer sur de telles considérations, ce que l'on appelle, paraît-il, la mort de l'ego ! Alors qu'en réalité il ne s'agit que d'une méthode, appliquée durant un temps limité et dans un but précis, pour déjouer les manœuvres des conditionnements multiples que nous considérons comme notre personnalité. Nous pouvons cesser de jouer un rôle et nous libérer de l'attente si nous nous y essayons et cela nous met en contact avec un moi plus profond qui, lui, est sincère.

Quatrième partie

Le bout du tunnel

« Si nous voyons de la lumière au bout du tunnel,
Ce sont les feux du train qui approche. »
Since 1939, Robert Lowell

*

« Tout ce qui entre dans une mine de sel
est transformé en sel. »
Proverbe

*

« Nous n'avons pas besoin du chemin de fer ;
c'est lui qui dépend de nous. »
Henry David Thoreau

1

Soudain, les sonneries d'alarme résonnèrent. Un bruit insistant, semblable aux cris d'un enfant, conçu pour que personne ne puisse l'ignorer. Je m'arrêtai au milieu du quai 6 et écoutai attentivement la radio trafic. Cela va me permettre, pensai-je, de répondre aux questions que je me pose. Inutile de demander ce que nous désirions tous savoir : *Etait-ce bien réel ? Ou seulement un exercice et une fausse alerte ?*

2

Même les agents de station paresseux, râleurs et moroses, toujours prêts à éviter ce qui ressemblait de près ou de loin à du travail, faisaient preuve d'une efficacité toute professionnelle quand il fallait évacuer en urgence la station. C'était là un motif de fierté collective, toujours un travail d'équipe et une course contre la montre. Entre le sursaut initial provoqué par l'alarme de la station et le choc métallique des Boston Gates au moment de leur fermeture, le temps normal de réaction pour vider et fermer la station était de trois minutes. Tout dépassement de ce délai provoquait la honte de l'équipe tout entière. Quand la sonnerie d'alarme se faisait entendre, tout le monde se mettait à courir, comme des jouets mécaniques à remontoir qui auraient magiquement mis le turbo, chacun sachant exactement quelle était sa tâche et où il devait se rendre, et s'en acquittant au pas de course.

3

Cette transformation d'une foule de travailleurs mécontents et souffrant de la maladie britannique du pessimisme en une équipe professionnelle efficace et soudée me rappelait l'armée. En temps de paix, c'est-à-dire en période de non-fonctionnement, c'était chacun pour soi ; tout le monde ou presque tenait absolument à tirer au flan jusqu'à ce qu'un problème réel ou une urgence véritable se présentât, et seulement alors l'unité se matérialisait, comme si elle était tombée du ciel. Nous allions affronter l'ennemi d'une manière très professionnelle, l'éliminer sans effort apparent, avec une surabondance de *sang-froid**, en adoptant une attitude qui frisait l'ennui ou semblable à celle d'une machine bien huilée et effectuer nos tâches successives avec l'élégance automatique et le sens inné du rythme d'un danseur.

Mais cela ne durait pas. Dès que la station était vide et fermée, l'équipage étroitement soudé retrouvait ses manières d'avant l'alerte et sa morosité légendaire pour répondre aux demandes des ex-voyageurs irrités maintenant qu'ils se retrouvaient à l'extérieur du système.

4

La décision de fermer la station pouvait avoir diverses raisons. Parfois, le fait qu'elle soit bondée. Le feu, toujours : après l'incendie de la station King's Cross, on ne voulait courir aucun risque. Autre raison : un bagage suspect dont un examen à distance n'avait pas révélé le contenu. Et

* En français dans le texte.

enfin, la présence présumée d'un engin explosif chaque fois que la police avait alerté la direction du métro au sujet d'un tel risque, une situation qui paraissait parfois saisonnière.

Je savais qu'il y avait eu une alerte à la bombe la semaine précédente. Les stations avaient fermé un jour après l'autre, comme s'il s'agissait d'un réflexe nerveux ou d'une série de tressaillements précédant un coup de poing. L'accès aux grandes lignes des stations Victoria et King's Cross avait été interdit à trois reprises au cours des deux derniers jours par l'équipe de déminage. On pouvait quasiment sentir de la cordite dans l'air – mais ce n'était là qu'un effet de mon imagination et le Semtex ne sent rien.

5

Je courus rejoindre un groupe de voyageurs à l'extrémité du quai. Une femme était en train de lire un roman de Louis de Bernières, *Captain Corelli's Mandolin*, le livre du moment. Compte tenu des centaines d'intérêts différents que laisse présager la supposition que nous sommes tous « différents les uns des autres », on pourrait s'attendre à ce que les banlieusards lisent une grande diversité de textes, mais celle-ci n'est visible nulle part. Seulement deux ou trois livres lus par ceux qui se préoccupent de lire. Ce qui confirme à un modeste niveau notre instinct grégaire. J'attirai l'attention de la lectrice et remarquai qu'elle prenait soin de corner la page qu'elle était en train de lire, d'un geste machinal du pouce et de l'index, sans que son esprit conscient intervienne. Je m'approchai d'un turfiste entre deux âges en train d'entourer le nom des chevaux sur une grille de pronostics et de deux employées de bureaux plongées dans la contemplation d'une publicité pour soutien-gorge, et leur expliquai rapidement à l'aide de phrases courtes et coupantes ce qui se passait, adoptant un ton qui indiquait clairement qu'il y avait urgence et que ce n'était pas le moment de plaisanter.

« La station est fermée. Il n'y a plus de train. Quittez s'il vous plaît les lieux le plus vite possible en empruntant la sortie la plus proche, dis-je en montrant par-dessus mon épaule droite le panneau situé à quelques mètres de l'endroit où nous nous tenions. Ne courez pas, mais dépêchez-vous.

– Que se passe-t-il ? demanda le turfiste en mâchonnant l'extrémité de son crayon comme s'il éprouvait le besoin de se concentrer sur ma réponse.

– Une bombe, répondis-je. Une bombe présumée, corrigeai-je un moment plus tard. Puis comme il se dirigeait en compagnie des autres voyageurs vers les escaliers roulants, j'ajoutai : C'est pas le moment de prendre des paris. »

6

Il m'arrive de me voir en train de mourir. La mort, telle que je l'imagine alors, survient toujours soudainement, spontanément et d'une manière inattendue. Avant de mourir, je fais bien entendu quelque chose. Dans la plupart de ces rêves éveillés, il s'agit d'un acte tout à fait ordinaire : je prépare une tasse de café ; je me lave les dents ; je lis un journal. Et je ne peux alors m'empêcher de penser – car je sais que je ne vais pas tarder à mourir – c'est mon dernier acte !

Marc Aurèle écrit que l'on devrait essayer d'accomplir chaque chose comme si c'était la dernière. Notre épitaphe. L'unique chose qui sera associée à notre souvenir, celle sur laquelle le monde va nous juger, tout le reste n'ayant pas d'importance et étant en quelque sorte effacé. Il est difficile d'agir ainsi à long terme. Essayez ! Je suis pour ma part hanté par cette idée.

7

L'un de mes amis me raconte une histoire gênante. Nous sommes installés autour de la table de ma cuisine et mangeons des olives tout en discutant. Il me dit qu'il a trouvé son grand-père mort dans les toilettes. Il a fallu qu'il force la porte fermée à clef après n'avoir reçu aucune réponse à sa demande réitérée : « Tu vas bien ? » Et finalement son grand-père était mort, son pantalon baissé autour de ses chevilles.

Je sais que les symptômes de la crise cardiaque ressemblent parfois à ceux que donnent les gaz et qu'il n'est donc pas rare de mourir sur le siège des cabinets. Mon ami recrache un noyau d'olive et me dit : « Mon grand-père est mort comme il avait vécu. – Qu'entends-tu par là ? demandé-je. – Il s'est toujours fichu de tout. »

8

Alors que je suivais le groupe quittant la station dans les couloirs transversaux, je faillis heurter une femme entre deux âges qui semblait harassée. « Je n'arrive pas à trouver la Central Line, se lamenta-t-elle. Pourquoi n'y a-t-il pas de panneau ? » Il y en avait un juste à côté de nous mais il semblait superflu de lui faire remarquer.

« C'est fermé, la Central Line est fermée », dis-je. Ce

n'était pas la réponse qu'elle attendait. « Oh... mon... Dieu ! dit-elle d'une voix traînante, en insistant sur le dernier mot. Il m'a fallu près d'une heure pour arriver ici. Combien de temps vais-je devoir encore attendre ? Vous n'êtes même pas capable d'améliorer le service. Vous appelez ça un transport public. Et c'est tellement cher ! » Elle agita sous mon nez sa carte d'abonnement pour me montrer combien elle avait dépensé pour aller nulle part, comme si elle se demandait si elle hésitait à jeter cette chose inutile.

Je levai la main pour interrompre sa tirade, en songeant que nous avions mieux à faire. « Ecoutez-moi, s'il vous plaît. La station est fermée. Il faut que vous sortiez. C'est un cas d'urgence. » Je lui montrai la sortie. Comme ce n'était pas le genre de femme à laquelle on pouvait parler d'une bombe, je ne dis rien. Elle obéit mais je sentis qu'elle était furieuse qu'un employé d'une institution aussi défaillante et coûteuse osât lui donner un ordre.

9

Tout cela avait pris trop de temps. Je retirais une à une les feuilles externes de la politesse habituelle, révélant le cœur vert et croquant de la nécessité pratique. Le moment était venu de passer à la vitesse supérieure : la surmultipliée. Ma montre indiquait qu'une minute s'était écoulée depuis que l'alarme s'était tue et que j'avais entendu le message enregistré ordonnant l'évacuation de la station. Plus que deux minutes !

Je venais de m'engager dans le long couloir quand j'aperçus deux jeunes qui avançaient à une allure d'escargot Ils portaient tous deux des Walkman et étaient enfermés dans une bulle sonore. Je piquai un sprint pour me retrouver dans leur ligne de vision et agitai frénétiquement les mains pour qu'ils reviennent sur terre. « Sortez tout de suite ! », ordonnai-je sur le ton que j'aurais employé pour crier : Pas de quartiers. « Sinon, vous allez mourir », ajoutai-je d'un air dramatique. Ces deux jeunes, qui portaient une calotte et des vêtements amples, paraissaient se demander si je menaçais de les tuer ou essayais de les sauver d'un danger invisible. « Tout de suite ! répétai-je. Il y a une bombe et la station va fermer. »

10

Le drame commençait à me plaire et je sentais en moi des réserves d'énergie, les premiers effets d'une décharge d'adrénaline. Je pouvais oublier sans danger ma courtoisie légendaire. N'importe quelle manifestation de grossièreté était entérinée par l'opportunité de l'urgence. Il était revigorant de donner des ordres. Un véritable coup de fouet ! Est-ce là ce qu'éprouvent les hommes politiques ? Les généraux ? Quand les circonstances exigent que l'on respecte votre autorité et que l'on exécute vos ordres sur le champ, sans discuter.

« Sortez ! Quittez immédiatement la station ! », répétais-je à l'adresse des derniers traînards que je rencontrai dans les couloirs menant à la Central Line. Mes collègues devaient faire la même chose de leur côté, ce qui expliquait le nombre restreint de voyageurs bien que l'heure de pointe se terminât tout juste. En moins de deux minutes, j'avais couvert quatre quais sur six. Il ne reste plus qu'une minute… me dis-je pour aller encore plus vite.

11

Faisant irruption sur le quai 1, j'ouvris le panneau « station fermée ». Le gyrophare, servant de signalisation pour les conducteurs, ne s'alluma pas quand j'appuyai sur le commutateur, et je me souvins que cela faisait plusieurs semaines que j'avais demandé que l'on remplaçât la batterie à plat. Cela n'était pas trop grave puisqu'aucun métro n'allait s'approcher d'un quai où pouvait avoir été déposée une bombe. Je m'acquittai dc la même tâche sur le quai 2 et utilisant un autophone pour rendre compte de ma progression, j'appris grâce au vieux Tom, le surveillant installé dans la salle de contrôle, que la « bombe », bien qu'il eût mieux valu dire LA BOMBE, se trouvait à l'intersection des couloirs à environ six mètres de l'endroit où je me trouvais. Il ne faisait pas bon rester là. Allait-elle exploser maintenant ? Ou dans un instant ou plus tard encore par rapport à cet instant-là...

12

A quatorze ans, je fus éjecté du siège de cinéma où j'étais assis par une force semblable à celle d'un tremblement de terre. Le pub jouxtant le cinéma venait de sauter. Une autre bombe, placée dans un pub tout proche, explosa quelques minutes plus tard. Je suivis la foule effrayée et hébétée, et contemplai une scène de rue cauchemardesque. Des hommes et des femmes couverts de sang titubaient, la plupart des femmes pleuraient et beaucoup de gens se bouchaient les oreilles. Le sang ruisselait sur plusieurs visages. Certains hommes – dont un chauffeur de taxi, peut-être le conducteur du véhicule renversé à quelques mètres de l'endroit où je me trouvais – aidaient les blessés à s'éloigner des portes du pub dont s'échappait une fumée noire semblable à celle d'une cheminée de bateau. La police et les ambulances commençaient à arriver. Puis les sirènes de cinq voitures de pompiers entonnèrent la même mélodie mais en débutant à des temps différents comme si elles exécutaient un canon.

On m'escorta un peu plus loin, derrière une bande jaune sur laquelle était inscrit, tous les mètres environ, le mot Police en lettres bleues. J'observai, cloué sur place, les scènes de carnage. C'était la première fois qu'il m'arrivait quelque chose d'aussi dramatique. Les pompiers se servaient de couvertures en guise de brancards, mais les corps paraissaient trop lourds pour elles. J'appris plus tard qu'ils avaient évacué des bras et des jambes ainsi que d'autres parties du corps des victimes, découpées en morceaux par l'explosion de la bombe et qui attendaient une identification.

Quand j'avais vingt ans, je voulus m'acheter une cravate chez Harrods. Je n'avais pas l'habitude de faire mes courses dans ce célèbre grand magasin londonien mais je trouvais amusant d'aller y acheter pour une fois la nouvelle cravate dont j'avais besoin. C'était une journée ensoleillée et avant de me diriger vers le magasin de Knightsbridge, je regardai les enfants jouer avec leurs bateaux sur l'étang circulaire des jardins de Kensington. J'étais presque arrivé chez Harrods quand je découvris que l'accès aux rues avoisinantes était interdit. Il y avait eu un attentat à la bombe, m'expliqua une femme agent de police. L'engin avait explosé dans le rayon hommes.

J'étais âgé d'une trentaine d'années quand séjournant à Karachi chez un ami ingénieur qui remodelait des camions pour l'armée pakistanaise, je décidai de passer un moment en allant au cinéma. La veille, une exploration à l'aventure des cinémas du centre-ville m'avait convaincu qu'il n'y avait rien d'intéressant. Mais j'avais tout de même envie de voir un film en *pakhto* – la variante locale de la langue afghane *pashto*. Comme je parle *farsi*, j'espérais comprendre les dialogues sans trop de difficultés.

La salle de cinéma accueillait l'assortiment habituel d'hommes et de garçons n'ayant rien à faire pendant la journée, qui piochaient tous dans d'énormes sacs remplis de graines de tournesol ; le sol était d'ailleurs recouvert par les enveloppes des graines consommées. Le film commença et il me fallut unc quinzainc de minutes pour réaliser que le *pakhto* n'était pas du persan, si bien que je ne comprenais rien au film – ce qui me laissait d'ailleurs indifférent.

Je sortis du cinéma et hélai un *tonga*. Le lendemain, après avoir lu l'article qui figurait en première page du quotidien du matin, je calculai que dix minutes après que j'eus quitté la salle, le cinéma avait sauté. Cinq mort et seize personnes grièvement blessées.

Et j'allais bientôt avoir quarante ans…

13

Une seconde suffit pour que j'imagine ce qui allait se produire. Des fragments de béton et de métal – le plâtre des quais était fixé sur une armature métallique, semblable à un grillage à mailles fines, que n'importe quelle explosion ne manquerait pas de transformer en shrapnel capable de passer à la moulinette toute personne se trouvant à proximité – se précipitant sur moi à des centaines de pieds à la seconde. Je crus entendre les mots : « L'espace confiné a énormément amplifié l'explosion », prononcés par un lecteur de nouvelles télévisées. La voix continua : « Les corps n'ont pas été identifiés… » En effet, pensai-je. Il ne resterait pas grand-chose pour permettre une identification et en tout cas, aucun dossier dentaire puisque ma phobie des dentistes m'en avait tenu éloigné depuis vingt ans.

Je ne voulais pas mourir sur le quai 1, dans la crasse de la Central Line, pulvérisé pour un salaire de misère et en faisant un travail que personne n'appréciait. Qui prenait le temps de songer aux personnels tués dans les catastrophes survenant dans les lieux publics ? Je me souvenais qu'au moment de l'attaque au gaz Sarin dans le métro de Tokyo, un membre au moins du personnel avait été tué en aidant héroïquement un voyageur mourant à quitter la station. Je ne me souvenais pas de son nom et à l'exception de ses amis et de sa famille, tout le monde devait être dans le même cas. Une telle mort n'avait aucun sens. On parlait de héros pour nous consoler de la futilité de mourir à son poste. Aucun contrat de travail ne précisait : « mourir est absolument nécessaire », sauf peut-être dans le cas des soldats et des gardes du corps, et encore, ces professions martiales commençaient à être redéfinies afin d'exclure ce risque. Bien entendu, il était de mon devoir de faire tout mon possible pour évacuer la station et épargner des innocents. Durant les trois minutes nécessaires à cette évacuation, j'allais à peine gagner quarante pence. Moins que le prix d'un Mars. Etait-ce là le prix de ma vie dans une situation où je m'étais engagé volontairement ?

14

J'étais néanmoins protégé par un épais mur de suppositions. Je présumais que je n'allais pas mourir dans les secondes à venir, que Dieu n'allait pas utiliser tout de suite sa souris pour cliquer sur mon nom et mon existence. C'était là une supposition que je faisais chaque jour, que nous faisons tous. Je n'avais aucune raison valable de risquer ma vie pour quarante pence – et cela ne se produirait pas. J'allais simplement faire le nécessaire sans me préoccuper des conséquences car il n'existait aucun moyen sensé d'évaluer le risque réel. Et je n'en avais pas le temps. Ne réfléchis pas, contente-toi d'accélérer l'allure, semblait un bon plan. Commence par agir, panique plus tard.

15

Je montai les marches des escalators quatre à quatre. Quelqu'un avait inversé le sens de tous les escaliers roulants si bien qu'ils ne pouvaient plus être utilisés que pour la montée, comme une Sortie sur la carte des Enfers. Tout convergeait maintenant vers le haut, le grand air, l'extérieur, la sécurité, loin de la menace immédiate d'oblitération.

Je traversai l'Arène et me dirigeai vers la sortie PRV, le point de rendez-vous où nous étions censés nous retrouver et cocher notre nom sur une liste affichée sur un écritoire afin de vérifier que personne n'avait été oublié, non prévenu ou enfermé en bas. Que nous étions tous présents et fidèles au poste.

16

En cas de bombe présumée, nous étions censés nous regrouper au second point de rendez-vous en face de l'église All Souls, deux cents mètres plus haut dans Regent Street. Je regardai à bonne distance les contours de la flèche de l'église émergeant d'un flot de lumière et me demandai si elle était due à Nicholas Hawksmoor. Mais comme la zone autour des entrées de la station n'avait toujours pas été interdite par une corde et que l'on attendait l'équipe de déminage, c'était un peu lâche de ma part. Les voyageurs grouillaient autour des entrées, essayant de pénétrer dans la station et debout devant les grilles tirées, ceux qui étaient au courant aussi bien que ceux qui ne savaient rien du danger étaient certains de ne rien risquer grâce aux trente mètres de béton qui les séparaient de LA BOMBE.

17

Les signaux répétés des sirènes, qui semblaient provenir des quatre points cardinaux, se transformèrent en deux fourgonnettes bleues et deux petits véhicules de la police remontant à toute allure Regent Street. Voitures et taxis se garèrent pour les laisser passer. L'une des fourgonnettes fit halte près de l'endroit où je me trouvais. Le directeur de service de la station et deux surveillants s'approchèrent pour briefer les démineurs et déployèrent le plan de la station, une grande feuille de papier quadrillée que la légère brise fit claquer. Trois officiers portant un gilet pare-balles et un casque à visière et protège-nuque, charrièrent un gros coffre à l'intérieur de la station. Je me demandai ce qu'il contenait – un attirail pour désamorcer les bombes ? Une trousse médicale ? Ils ressemblaient à des scarabées et quand l'un d'eux passa à ma hauteur, son gilet pare-balles d'un bleu noir brillant, à l'aspect huileux, refléta un arc-en-ciel de couleurs renforçant encore l'impression d'une carapace ou des élytres d'un scarabée. Des insectes se creusant un chemin sous terre, songeai-je, au moment où ces hommes qui risquaient leur vie pour gagner de quoi vivre, disparaissaient l'un après l'autre à l'intérieur du métro.

18

« Tout ce que nous avons oublié appelle à l'aide dans nos rêves. »

Elias Canetti

Il fait nuit maintenant et couché dans ma petite chambre en haut de la maison, je dors. Ce n'est pas un sommeil calme, je me tourne d'un côté puis de l'autre, changeant de position sans pour autant m'éveiller. Je gémis peut-être ou je prononce des paroles incohérentes. Quiconque entrerait dans cette pièce à cet instant aurait bien du mal à deviner ce que j'éprouve.

19

Je cours dans les tunnels, criant en direction des milliers de personnes qui s'y agglutinent, perdues dans leurs pensées, absentes au monde extérieur, séparées les unes des autres. Des rangées et encore des rangées de visages déferlent comme les vagues d'une marée humaine. Je continue à crier mais aucun son ne sort de ma bouche. J'agite les bras pour attirer l'attention du groupe le plus proche de moi. Ils ne me voient pas, ne m'entendent pas. En fait, ils me traversent – et seulement alors, je réalise que je suis un fantôme, un être sans substance, qui pour eux n'a pas d'existence, se situe au-delà de leurs capacités perceptives.

Je ressens l'urgence terrible de la situation. Il faut que je donne l'alerte, tout en sachant que mes avertissements – au sujet d'un désastre imminent mais de nature imprécise – ne serviront à rien. Comment pourrait-il en être autrement ? Personne ne me voit. Personne ne m'entend. Au moment où je prends conscience de cela, je sens que les battements de mon cœur s'accélèrent.

Je sais que je dois faire évacuer les tunnels. Quelque chose est sur le point de se produire. Je ne me souviens pas de ce que c'est ; je l'ai su mais oublié. Cette perte de mémoire accroît encore ma panique. Je sens la sueur couler sur mon visage tandis que je me précipite d'un endroit à un autre de la station. Je dois encore courir plus vite.

Une femme rit en entendant la remarque de son compagnon. Sa gaieté me semble ridicule : comment peut-elle rire au lieu de faire ce qu'elle devrait ? Je m'arrête et observe le couple qui se dirige vers le quai 2. Je sais maintenant qu'il ne reste plus beaucoup de temps. « C'est le moment », me dis-je, confirmant ainsi ce que je viens de penser. Et je sens alors aussitôt un appel d'air. Puis il y a tout à la fois un éclair, de la chaleur et une lumière.

20

Je m'éveillai et m'assis dans mon lit : mon cœur battait la chamade, j'avais chaud et respirais bruyamment.

Un simple rêve, réalisai-je. L'esprit qui se débarrasse des émotions inexprimées de la journée. Rien à faire si ce n'est se rendormir, et le lendemain matin, reprendre là où je m'étais arrêté.

Chez le même éditeur

Robert Twigger, *Senshusei.*

Traduit de l'anglais par James Harvey

Un poète anglais participe à la formation d'aikido de la police anti-émeute de Tokyo. Un récit saisissant, une histoire d'initiation, une exploration fascinante du Japon moderne. Un livre culte récompensé par le prix Somerset Maugham et le prix William Hill du meilleur livre sportif de l'année.

« Robert Twigger est un talent unique et éblouissant – un aventurier du XIXe siècle dans le corps d'un écrivain du XXIe siècle. Je vous conseille vivement de lire tout ce qui porte son nom. »

Tony Parsons (*Late Review*)

Robert Twigger, *Big Snake.*

Traduit de l'anglais par James Harvey

La fondation Roosevelt offre un prix de 50 000 $ pour la capture d'un serpent vivant de plus de 30 pieds de long. C'est l'occasion pour Robert Twigger de partir dans les jungles malaise et indonésienne à la recherche du python réticulé. Un authentique récit d'aventure et une quête poétique qui se lit avec jubilation.

Achevé d'imprimer en mars 2003
sur les presses de la Nouvelle Imprimerie Laballery – 58500 Clamecy
Dépôt légal : mars 2003 Numéro d'impression : 302194
Imprimé en France